Robert Keil

Wiener Freunde 1784-1808

Robert Keil

Wiener Freunde 1784-1808

ISBN/EAN: 9783743608603

Hergestellt in Europa, USA, Kanada, Australien, Japan

Cover: Foto ©ninafisch / pixelio.de

Manufactured and distributed by brebook publishing software (www.brebook.com)

Robert Keil

Wiener Freunde 1784-1808

WIENER FREUNDE

1784—1808.

BEITRAEGE ZUR JUGENDGESCHICHTE

DER

DEUTSCH-OESTERREICHISCHEN LITERATUR.

VON

ROBERT KEIL.

WIEN, 1883.
VERLAG VON CARL KONEGEN.

DEM

JOURNALISTEN- UND SCHRIFTSTELLERVEREIN

„CONCORDIA"

ZU WIEN

IN DANKBARER ERINNERUNG

AN DEN

DEUTSCHEN SCHRIFTSTELLERTAG IN WIEN 1881

HOCHACHTUNGSVOLL

GEWIDMET.

INHALT.

                                                        Seite

Einleitung 1

I. Ignaz von Born.

1. Brief an den Philosophen Karl Leonhard Reinhold, 19. April 1784 33
2. an Reinhold, 9. Juni 1784 34
3. an Reinhold, 3. December 1789 36

II. Johann Baptist von Alxinger.

1. Brief an Reinhold (1785) 37
2. an Reinhold und dessen Gattin Sophie (1785) 38
3. an Reinhold (1785) 39
4. an Reinhold (1785) 40
5. an Reinhold, 3. Januar 1786 41
6. an Reinhold (1786) 43
7. an Reinhold, 23. October 1786 44
8. an Reinhold, 20. November 1786 . . . . —
9. an Reinhold, 30. März 1787 47
10. an Reinhold (1787) 49
11. an Sophie Reinhold (1787) 50
12. an Reinhold, 27. Januar 1788 51
13. an Reinhold, 4. Februar 1792 52
14. an Reinhold, 6. Mai 1792 53

III. Gottlieb Leon.

1. Brief an Reinhold, 21. Januar 1786 58
2. an Reinhold, 28. Februar 1786 59
3. an Reinhold, 16. August 1786 60
4. an Reinhold, 2. December 1786 64
5. an Reinhold, 6. April 1787 65
6. an Reinhold (1787) 67
7. an Reinhold, 5. November 1787 69

8. an Reinhold, 28. Juni 1788 69
9. an Reinhold, 23. Januar 1790 70
10. an Reinhold, 7. Mai 1792 72
11. an Reinhold . . . . —

IV. Lorenz Leopold Haschka.

1. Brief an Reinhold, 20. Februar 1803 73
2. an Reinhold, 8. April 1803 79
3. an Reinhold, 5. und 6. März 1804 80
4. an Reinhold, 10. April 1804 82
5. an Reinhold, 24. Juli 1804 83
6. an Reinhold, 9. und 10. October 1804 . . . . —
7. an Reinhold, 2. November 1804 86
8. an Reinhold, 14. December 1804 87
9. an Reinhold, 27. September 1805 . . . . —
10. an Reinhold, 28. Februar 1806 88
11. an Reinhold, 21. October 1806 89
12. an Reinhold, 8. und 23. December 1806 90
13. an Reinhold, 27. Januar 1807 93
14. an Reinhold, 5. und 6. Februar 1807 95
15. an Reinhold, 31. October 1807 97
16. an Reinhold, 12. und 14. November 1808 98

EINLEITUNG.

In Wien lebte um die Mitte des vorigen Jahrhunderts der Inspector am kaiserlichen Arsenale Reinhold. Unter Maria Theresia hatte er als Offizier gedient, eine Armwunde und deren Folgen hatten ihn aber kriegsuntüchtig gemacht, und so war ihm diese ruhigere Stellung am Arsenal zu Theil geworden. Sein Enkel, der geheime Hofrath Professor Ernst Reinhold in Jena, schildert in der Biographie seines Vaters[1]) den Grossvater als „einen biedern, gutmüthigen, lebenslustigen Mann, der seine Familie herzlich liebte und in dem Umgange mit den Seinigen freundlich und heiter war." Sieben Kinder wurden ihm von seiner Frau geschenkt. Eines derselben, der älteste Sohn, am 26. October 1758 zu Wien geboren, erhielt die Namen Karl Leonhard. Der Vater, der den Tag über von seinen Geschäften in Anspruch genommen war, pflegte des Abends gesellschaftliche Erholung zu geniessen, es fiel daher der Haupttheil der Erziehung der Kinder der liebenden und von ihnen innig geliebten Mutter anheim, die mit sanftem und frommen Sinne auf das Gemüth der Kleinen einwirkte.

Im siebenten Lebensjahre trat der kleine Karl Leonhard in die unterste Classe des Gymnasiums. Zu den Lehrern des letzteren gehörten Jesuiten. Die lebhafte Lernbegierde des Knaben und seine Gabe rascher Auffassung blieben ihnen nicht unbemerkt, sie erkannten in ihm eine brauchbare Kraft für ihren Orden und wussten Gemüth und Phantasie des Schülers sich zu gewinnen. Als er im vierzehnten Jahre mit den besten Zeugnissen

---

[1]) „Karl Leonhard Reinhold's Leben und literarisches Wirken, nebst einer Auswahl von Briefen Kant's, Fichte's, Jacobi's und anderer philosophirender Zeitgenossen an ihn." (Jena, 1825.) S. 3 flg.

aus der obersten Classe des Gymnasiums entlassen wurde, entschied er sich aus voller Neigung für den geistlichen Stand. Die Eltern stimmten zu. Noch im Herbste des Jahres 1772 wurde er in das Probhaus des Jesuitencollegiums zu St. Anna in Wien als Novitius aufgenommen. Mit strengster Ascetik hier zum Asceten gebildet, trieb er das, was er das Werk seines Heils nannte, mit aller jugendlichen Lebhaftigkeit seines Temperaments. Doch schon im September des nächsten Jahres erfolgte die vom Papst Clemens XIV. befohlene Aufhebung des Ordens. Weder das Bitten und Beten, noch die Geisselstreiche auf den Rücken der Novizen, noch auch die prächtige Ausschmückung des wunderthätigen Gnadenbildes der Jungfrau Maria auf der Treppe des zweiten Stockwerkes, mit Betstunden durch Tag und Nacht, hatten die Katastrophe abwenden können. Auch Reinhold musste seiner Familie zurückgegeben werden. In dem Briefe, durch welchen er seinen Vater um Wiederaufnahme in das elterliche Haus bat, schrieb der eifrige, junge Jesuitenzögling: „Nun ist denn also das Strafgericht, das dem Unglauben und der Sittenlosigkeit unserer heutigen Welt und leider auch der Lauigkeit unserer Novizen so lange her angedroht wurde, endlich über uns ausgebrochen! Unsere heilige Mutter, die Gesellschaft Jesu, ist nicht mehr. . . . Wir kamen eben um halb sechs Uhr Abends aus dem Dormitorium von der spanischen Disciplin zurück, als wir Befehl erhielten, uns sogleich in das Zimmer des P. Provincials zu verfügen. Alle Patres und Fratres waren hier schon versammelt. Oben am Fenster stand ein Tisch mit einem Crucifixe und zwei brennenden Lichtern. Wir wurden an der Thür rechts und links gereiht und zitterten vor banger Erwartung dessen, was da kommen sollte, als ein Domherr von der Metropolitankirche hereintrat, sich mit feierlichem Ernste an den Tisch setzte und eine päpstliche Bulle abzulesen anfing. Ich habe in meiner Bestürzung und bei dem Schluchzen meiner Mitbrüder fast den ganzen Inhalt überhört, bis auf die Worte: „Die Novizen sollen sogleich entlassen werden." Hier brachen wir alle in lautes Wehklagen aus und mussten uns sogleich entfernen. — Mir ist jetzt nichts Anderes mehr übrig, als dass ich Sie, bester Papa, fussfällig und durch die Liebe unseres Herrn bitte, mich wiederum in Ihr Haus aufzunehmen. Wahrscheinlich werde ich nicht lange zu Hause bleiben. Denn nach einer klaren Weissagung unseres heiligen Vaters sollte die Gesellschaft zwar der List und Gewalt ihrer Feinde unterliegen, aber nur um in Kurzem mit desto grösserer Herrlichkeit wiederhergestellt zu werden. Dieser Trost, den uns P. Rector heute früh in einer rührenden Anrede mittheilte, kam eben zur rechten Zeit, um unsre beklommenen Herzen zu erleichtern etc. — Zu Hause werde ich nach aller Möglichkeit die Lebensart fortsetzen, die ich nun, gottlob, hier so ziemlich erlernt habe. Ich werde in der Welt leben, ohne der Welt zu leben." Ein Zweifel stieg dabei in der Seele des fünfzehnjährigen Jünglings auf und steigerte sich bis zur Gewissensangst. Er konnte sich die Frage, wie der Papst unfehlbar sein und doch die Gesellschaft Jesu aufheben könnte, weder auflösen noch aus dem Sinne schlagen. Er nahm desshalb seine Zuflucht zum P. Rector und erhielt von ihm den beruhigenden, schlauen Bescheid: „Der Papst sei unfehlbar, wenn er ex cathedra entscheide, die Gesellschaft sei aber nicht ex cathedra, sondern ex curia, die eigentlich nicht der heilige Geist, sondern auch oft irdische Staatsklugheit zu regieren pflege, aufgehoben worden."

Den Rath des P. Rector, zunächst auszuharren und sich zu keinem anderen, weder geistlichen noch weltlichen Stande zu entschliessen, und den eigenen Vorsatz, die bisherige ascetische Lebensart auch im Vaterhause fortzusetzen, brachte der junge Reinhold zur Ausführung, und als so ein Jahr verflossen war, im Herbste 1774, trat er in das Barnabitencollegium ein. Es war dieser Orden im Jahre 1536 zu dem Zwecke gestiftet worden, zur Verbesserung der Sitten und der Kenntnisse des katholischen Clerus beizutragen, und zeichnete sich noch immer durch sorgfältige Ausbildung der jungen Geistlichen aus. Mehrere Universitäten Italiens wurden von ihm mit geschickten und angesehenen Lehrern versehen. Reinhold nannte später diesen geistlichen Orden „einen unmönchischen und sowohl wegen seiner vernünftigen Verfassung, als auch wegen seiner Verdienste um die Wissenschaften schätzbaren Orden." Nach der Einrichtung desselben war zunächst ein sogenanntes Curriculum der Philosophie von drei Jahren, dann ein Curriculum der Theologie von gleicher Dauer zu durchlaufen. Reinhold that es und gestand später, als er diesen Verhältnissen nicht mehr angehörte, öffentlich, dass er „im Schoosse dieses Ordens bei dem Geschäfte seiner Geistesbildung kein äusseres Hinderniss, sondern erwünschte Musse, nicht nur keine Verfolgung, sondern Aufmunterung und Belohnung gefunden habe." Zu seinen dortigen Lehrern gehörte auch Paul Pepermann. In England, wo er als Kind deutscher Eltern geboren war, hatte derselbe seine Jugend verlebt und sich einen vorurtheilsfreien, toleranten Sinn angeeignet, der ihn auch als Lehrer der Philosophie und Theologie auszeichnete. Ihm war die volle Neigung, das ganze Vertrauen des jungen Reinhold zugewandt, und der Lehrer Pepermann erwiederte sie so herzlich, dass sich hieraus ein dauerndes inniges Freundschaftsverhältniss zwischen ihnen gestaltete.

Nachdem Reinhold beide Curricula unter Beifall seiner Vorgesetzten vollendet hatte, wurde er von dem Präpositus des Collegiums, Nicolaus Spengler, in Anerkennung und unter Belobung seines Fleisses, seiner Kenntnisse und seiner religiösen Gesinnung und Lebensweise dem Erzbischof zu Wien zum Novitienmeister und Lehrer der Philosophie für das Barnabitencollegium vorgeschlagen und als solcher im Herbste 1780 angestellt. Der erst zweiundzwanzigjährige Mann hatte in dieser Lehrstellung Logik, Metaphysik, Ethik, geistliche Beredsamkeit, Mathematik und Physik vorzutragen und erfüllte diesen Beruf mit ganzer Hingebung und mit voller Verwerthung der hohen wissenschaftlichen Bildung, die er sich bereits angeeignet hatte. Ein mir vorliegendes Zeugniss von Don Martinus aus dem Juli 1783 rühmt: „Patrem D. Pium Reinhold Congregationis nostrae Sacerdotem professum, p. t. Philosophiae lectorem, Novitiorum Magistrum, ac parochiae ad S. Michaelem Curatum, Eloquentiam sacram, Logicam, Metaphysicam, Ethicam, Mathesin ac Physicam juvenibus nostris cum insigni eorundem progressu praelegisse, eumquem se, in omnibus suis muneribus gessisse ut non solum scientiae laude, verum etiam moribus religioso homine dignis commendari mereatur."

Neben diesen Studien zog ihn aber eine Lieblingsneigung zur Dichtung hin. Er war von Haus aus eine poetisch angelegte Natur. Pepermann, der ihn in der englischen Sprache unterwies, machte ihn mit den englischen Dichtern bekannt und förderte seinen Eifer, seine poetischen Gaben zur Ausbildung zu bringen. Eine weitere

Anregung hierzu hatte der Jüngling durch den Bibliographen und Dichter Johann Michael Kosmus Denis. Dieser Gelehrte, der sich um die Wissenschaft, um die Geschmacksbildung und um Veredlung deutschen Sinnes und deutscher Sprache in Oesterreich so hohe, unvergängliche Verdienste erworben hat, war ebenfalls Mitglied des Jesuitenordens gewesen, den er um der wissenschaftlichen Leistungen willen allezeit hochschätzte. Er war darauf Lehrer am Collegium Theresianum in Wien, seit dem Jahre 1773 aber Vorsteher der vorzüglichen Garelli'schen Bibliothek geworden. Mit umfassender Gelehrsamkeit verband er poetische Begabung und verehrte nicht nur die durch Klopstock eingeführte Bardenpoesie, sondern suchte auch selbst als Barde „Sined" (Anagramm des Namens Denis) dichterisch zu wirken. Liebenswürdig und allbeliebt, förderte er junge aufstrebende Talente. Auch Reinhold wurde ihm bekannt, seit er Barnabit geworden, und Denis bethätigte auch gegen ihn eine wahrhaft väterliche Gesinnung. Der talentvolle Jüngling bewunderte die Dichtungen Sined's, er suchte sie nachzuahmen und wagte auch mit diesen dichterischen Versuchen vor die Oeffentlichkeit zu treten. In die „literarischen Monate", welche Haschka mit Riedel edirte, gab Reinhold einige Oden; in einer derselben, vom Jahre 1777, rief er seinem verehrten Vorbilde zu:

„Auch von fern Dir
Folgen, ist Stolzes genug für Reinhold!"

Wohlwollend ging ihm Denis zur Hand. Die Oden, welche Reinhold theils in lateinischer, theils in deutscher Sprache verfasste, durfte der junge Dichter ihm zur Prüfung vorlegen. In Denis' gastfreiem Hause lernte Reinhold auch andere literarische Berühmtheiten Wiens, einen Born, Sonnenfels, Hell und Mastalier kennen.

Hierzu kam der Einfluss mehrerer talentvoller Jugendfreunde. Mit dem trefflichen Johann Baptist Alxinger, der in Wien im Jahre 1755 geboren, also nur drei Jahre älter war, verband den jungen Reinhold schon von Kindheit auf herzliche Freundschaft, ebenso mit dem dichterisch begabten Gottlieb Leon, der zu Wien am 16. April 1757 geboren war und in Wien studiert hatte, und dem fast gleichalterigen, 1757 geborenen Wiener Johann Franz von Ratschky. Schon im sechzehnten Jahre hatte

Letzterer durch eine Dichtung Aufsehen erregt. In Verein mit Leon hatte er seit dem Jahre 1777 den „Wiener Musenalmanach" herausgegeben. Vom Jahre 1781 an betheiligte sich Alois Blumauer (geboren 1755 zu Steier, seit 1772 Mitglied des Jesuitenordens zu Wien und nach Aufhebung dieses Ordens privatisirend, später Buchhändler) an der Herausgabe dieses Almanachs. Auch er gehörte zu Reinhold's Freunden. Ebenso war letzterem der etwas ältere, am 1. September 1749 geborene, durch seine Dichtungen, namentlich Oden, bekannte Wiener Lorenz Leopold Haschka, der den jungen Barnabiten bei Alxinger kennen gelernt hatte, freundlich zugethan. Es konnte nicht fehlen, dass diese jungen lebhaften Elemente Reinhold geistig anregten. In ihnen lebte und webte bereits ein Hauch des freien grossen Frühlings, der bald darauf für Oesterreich anbrechen sollte.

Alle diese Anregungen und die eigenen dichterischen und wissenschaftlichen Arbeiten führten aber auch für die Studien und die ganze Welt- und Lebensanschauung Reinhold's allmählich eine wesentliche Umgestaltung herbei. In der geistreichen Abhandlung: „Ueber die bisherigen Schicksale der Kantischen Philosophie", welche er im Jahre 1789 seinem „Versuch einer neuen Theorie des menschlichen Vorstellungsvermögens" als Vorrede vorausschickte, hat er sich selbst über diese Wandelung offen ausgesprochen. Die philosophische Kritik des Geschmackes, welcher er sehr früh wegen seiner Lieblingsneigung für Dichtung oblag, hatte ihn, wie er selbst berichtet, unvermerkt auf das Gebiet der speculativen Philosophie verleitet, und er hatte kaum einige Schritte auf demselben zurückgelegt, als er den Grund seiner bisherigen Glückseligkeit mit Schrecken erschüttert fühlte. Vergebens versuchte er sich hinter die Bollwerke der Ascetik zurückzuziehen und dem Kampfe mit den Zweifeln auszuweichen, welche drohend und einladend von allen Seiten auf ihn eindrangen. Es war ihm unmöglich geworden, blind, wie vorher, zu glauben, und er sah sich bald genug gezwungen, sich auf Discretion den Feinden seiner Ruhe zu überlassen, die ihm mit Wucher wiederzugeben verhiessen, was sie ihm genommen hatten. Nun war Metaphysik die Hauptangelegenheit seines Lebens geworden. Jahre hindurch war nun speculative Philosophie sein Hauptstudium, dem er sein Studium der Mathematik und der schönen Wissenschaften mit einer Art von Gewissenhaftigkeit unterordnete. Drei Jahre hindurch hatte er philosophische Vorlesungen nach dem Leibnitz'schen System gehalten. Aber nachdem er die Hauptsysteme der Philosophie der Reihe nach angenommen und aufgegeben hatte, war er zu der Einsicht gelangt, dass die bisherige Metaphysik ihm keinen einzigen Plan vorzulegen hatte, der die Forderungen von Kopf und Herzen zugleich zu befriedigen vermochte. Er hatte auf dem Felde der Speculation die Ruhe des Herzens verloren und auf allen ihm bekannt gewordenen Wegen vergebens gesucht. Er war in einen peinlichen Gemüthszustand gerathen und von der Begierde erfüllt, desselben, es koste auch was es wolle, los zu werden.

Inzwischen war mit dem Jahre 1780, mit dem Tage, an welchem Kaiser Josef II. zur Alleinherrschaft gelangte, der grosse Frühling für Oesterreich angebrochen. Begeistert für Wissenschaft und Kunst, für Denk- und Glaubensfreiheit, für alles, was den Menschen geistig und sittlich heben und veredeln kann, riss der edle Kaiser die diesen idealen Bestrebungen entgegenstehenden Hindernisse nieder. Von der Ueberzeugung erfüllt, dass „jeder seiner Unterthanen in den Genuss seiner angeborenen Freiheiten eingesetzt werden müsse", suchte er, seiner Zeit vorauseilend, das bürgerliche und geistige Leben auf alle Weise und in jeder Hinsicht zu verbessern, und schritt vor allem gegen die ihm verhasste unduldsame Hierarchie und die Unzahl unnützer Klöster, die Hauptburgen religiöser Intoleranz, ein. Am 15. October 1781 erliess er das Toleranzedict, das den Protestanten freie Religionsübung gestattete. Wie den Handel, das Gewerbe und die Industrie, förderte der menschen- und volksfreundliche, rastlos thätige Kaiser, „qui saluti publicae vixit non diu sed totus," auch die Künste und Wissenschaften. Er hob den peinlichen Presszwang auf, indem die Pressfreiheit ferner nur hinsichtlich solcher Schriften beschränkt sein sollte, welche den guten Sitten, der Religion und dem Staate offenbar entgegen seien; die Censur wurde aber nicht länger in den Händen der Geistlichen gelassen, sondern aufgeklärten Gelehrten übertragen und freies Urtheil gestattet. Auf das Gebiet der österreichischen Literatur zog die langersehnte Freiheit ein, und mit diesem neuen erfrischenden Hauche lebte sie freudig auf. Es begann zunächst im Bereiche der Poesie, bald auch der Publicistik und aller Wissenschaften jene glänzende Periode, welche in der Geschichte des österreichischen Kaiserstaates allezeit unvergesslich bleiben wird. In Wien schlossen sich die obengenannten älteren und jüngeren talentvollen Männer, ein Denis, v. Born, Reinhold, Alxinger, Blumauer, Ratschky, Leon u. A. an einander, zu gemeinsamem Streben und Wirken für Freiheit des Glaubens und Freiheit der Wissenschaft. Ihr Ziel und Zweck war, Gewissens- und Denkfreiheit zu fördern, den Aberglauben und die Schwärmerei und als die Hauptstütze beider das Mönchswesen zu bekämpfen und in sittlich-edlem, sittlich-freien Geiste das Volk der Aufklärung zuzuführen. Sie verfolgten diese Zwecke in der Presse, namentlich aber auch in einem Verein, der sich der Formen der Freimaurerei bediente. Ihre von der Regierung geduldete, ja stillschweigend geförderte Loge führte den Namen „Zur wahren Eintracht". Der geistreiche Naturforscher Ignaz von Born (geboren zu Karlsburg 1742), Hofrath bei der Hofkammer in Münz- und Bergwerkssachen, war ihr Haupt. Mit dem Witz und der Schärfe, die er bereits in der im Jahre 1771 anonym herausgegebenen „Staatsperücke" bekundet hatte, geisselte er unter dem Namen Joannes Physiophilus in dem Werke „Specimen monachologiae methodo Linnaeana", das im Jahre 1783 erschien, Verfassung und Geist der verschiedenen Mönchsorden, deren Mitglieder er satirisch als eine Gattung zwischen Affen und Menschen nach Art des Linnéeischen Systems classificirte und beschrieb. Welches Aufsehen dieses Buch machte, beweist seine Uebersetzung in englische und französische Sprache und insbesondere seine Verbreitung in deutscher Sprache unter dem Titel „Ignaz Loyola Kuttenpeitscher". Unter der freimüthigen Leitung des geistvollen Mannes fanden die Berathungen und Vorträge in der Loge „Zur wahren Eintracht" statt. Es ist jener denkwürdige Bund, welcher dem Dichter des mangelhaften Textes zu Mozart's Zauberflöte bei dessen Dichtung vorgeschwebt hat; v. Born ist der Sarastro. Nach aussen kämpften die verbündeten Brüder in dem von ihnen herausgegebenen Freimaurerjournal und in der von Blumauer redigirten Wiener Realzeitung, welche zugleich eine vollständige Uebersicht der neuesten österreichischen Literatur in Anzeigen und Besprechungen geben wollte, in entschiedener Weise, mit gediegener Kritik und frischer Polemik für ihre Grundsätze und Ideen. Wie alle die älteren und jüngeren Freunde sich hieran betheiligten, so auch Reinhold durch zahlreiche Recensionen über theologische Schriften und durch wissenschaftliche Vorträge in der Loge. In diesem Ideengange, in diesem freien und freidenkenden Zusammenleben und Zusammenwirken musste ihm aber seine Stellung zu dem Kloster, dem er noch angehörte, mit jedem Tage peinlicher werden. Man hat behaupten wollen, dass die Liebe Reinhold's zu einem Mädchen mitgewirkt habe. Schiller hat in seinen Briefen an den Freund Körner davon berichtet. Näheres ist aber hiervon nicht bekannt. Jedenfalls war für Reinhold der Widerspruch, in welchen er nach seiner nunmehrigen philosophischen und religiösen Ueberzeugung zu den Gelübden und Regeln des Ordens getreten war, das Entscheidende. Wie seine Freunde hielt auch er den Mönchsstand für den Feind und das Hemmniss aller moralischen Bildung, aller geistigen Hebung des Volkes, für den eigentlichen Krebsschaden der Gesellschaft, und er selbst gehörte ihm noch an! Doch noch tiefer, weit tiefer wurzelte sein immer stärker werdender Widerwille. Es war die philosophische und religiöse Ueberzeugung, die ihn immer gewaltiger ergriff und die er später im „teutschen Merkur"[1]) in der ausführlichen Abhandlung: „Ehrenrettung der Reformation" dargelegt hat. Seit die protestantisch-theologischen Streitigkeiten den philosophischen Untersuchungen Platz gemacht hatten und die höhere Kultur der deutschen Sprache und Begriffe eingetreten war, waren (um mit Reinhold selbst zu reden) die durch die Reformation festgesetzten Wahrheiten, auf Philosophie und Gemeinsinn zurückgeführt, aus den Schriften der Protestanten in die Ideenmasse vieler denkender Katholiken übergegangen. Wie manche andere Mönche war auch Reinhold zu der Ansicht gelangt, dass die Reformation eines der wirksamsten Mittel sei, die Vernunft von dem Joche des blinden Glaubens zu befreien. Die Unabhängigkeit der Vernunft war für ihn der Grundartikel und das Wesen des Protestantismus, und die von der Reformation gewonnenen Resultate erschienen ihm als eine Stufe zu neuen und ferneren Verbesse-

---

[1]) Jahrgang 1786, 1. Viertelj. S. 116 flg., 193 flg., 2. Viertelj. S. 42 flg.

rungen. „Die Blüthen und Früchte (schreibt er), die der protestantische Boden erzeugt hatte, waren der anderen Hälfte so fremd, dass man sie in allen ihren Hauptstädten für verbotene Waaren erklärte. Die zum Theil noch lebenden Stifter des gereinigten Geschmackes und der antimönchischen Wissenschaften unter den Katholiken werden sich selbst gestehen müssen, dass sie ihre deutsche Sprache, Dichtkunst, Beredsamkeit, Philosophie u. s. w. den protestantischen Produkten zu verdanken hatten, mit denen der Schleichhandel die Wachsamkeit der Censur zu hintergehen wusste. Der Genuss der verbotenen Früchte äusserte nach und nach auch hier seine Wirkungen. Der Kampf zwischen Licht und Finsterniss arbeitete im Stillen immer nachdrücklicher fort, und es fehlte ihm nur an dem Winke eines Josef, um in jene Revolution auszubrechen, die seit 1780 die Aufmerksamkeit von ganz Europa beschäftigt. Mag es doch immer nur noch Duldung heissen, was der weise Monarch den Schriften und Personen der Protestanten ausdrücklich bewilligt hat. Fast jeder Fortschritt der österreichischen Reformation bringt die herrschende Kirche der geduldeten näher und ist ein neuer unwidersprechlicher Beweis, dass man die von den Protestanten längstbefolgten Grundsätze, in sofern sie mit den Aussprüchen der gesunden Vernunft einerlei sind, nicht blos dulde, sondern billige und geltend mache..... Luther zertrat die Phiolen schmerzstillender und einschläfernder Elixiere, riss die zurücktreibenden Schönpflästerchen hinweg und griff die Krankheit in ihrem Hauptsitze an. Es war seine Schuld nicht, dass es für die eine Hälfte der Christenheit erst ausgemacht werden musste, ob die Vernunft in Religionssachen freien Gebrauch haben dürfe und müsse, oder nicht; aber sein Verdienst war es, dass es ausgemacht wurde. Damit hat er den Bemühungen der heutigen Protestanten die Bahn gebrochen und bewirkt, dass die Bestreitung religiöser Irrthümer in der protestantischen Kirche nichts weniger als Inconsequenz ist, — bewirkt, dass kein kanonisirtes Vorurtheil vor dem Richterstuhle der Vernunft sicher ist, — bewirkt, dass die protestantische Theologie mit dem Gange des menschlichen Geistes gleiche Schritte halten und als Wissenschaft auftreten kann, indessen die katholische ewig Mythologie bleiben muss."

So schrieb Reinhold im Jahre 1786. So dachte und fühlte er aber auch schon drei Jahre früher in Wien, und mit diesen Ueberzeugungen konnte er unmöglich noch Barnabit, unmöglich überhaupt Mönch bleiben. Die Aufhebung des Barnabitencollegiums war zunächst und auf geraume Zeit noch nicht zu erwarten. Dem geistvollen, in seinem Gewissen bedrängten jungen Manne blieb nur Ein Ausweg: **Flucht aus dem Kloster in ein protestantisches Land.** Es war für Reinhold ein schwerer Entschluss, aber er wurde von ihm nach reiflicher Erwägung mit den vertrautesten Freunden gefasst. Der Umstand, dass der Leipziger Professor der Philosophie Christian Friedrich Petzold sich einer Erbschaftssache wegen im Sommer 1783 in Wien aufhielt und mit Reinhold bekannt wurde, bot gute Gelegenheit zur Ausführung, und die Freunde sicherten ihm Unterstützung zu. Im Herbst 1783 nahm Petzold ihn in seinen Wagen auf und entführte ihn nach Leipzig, wo er das akademische Bürgerrecht erwarb und bei mehreren Professoren Vorlesungen hörte.

Von Leipzig aus lieferte er nach Wien Beiträge zu dem Freimaurerjournal, zu der Realzeitung und des Freiherrn von Gemmingen Magazin für Wissenschaften und Literatur. Die Wiener Freunde dagegen, zumal von Born (der nicht von dem Vorhaben, sondern erst von der vollendeten Thatsache der Flucht Kenntniss erhielt) und Blumauer sandten ihm nicht nur Unterstützungen aus der Logencasse, sie bemühten sich auch, für den geschätzten Freund, um dessen Kraft dem Bunde zu erhalten, Dispensation von den Ordensgelübden und die Gestattung strafloser Rückkehr auszuwirken. Als aber sein Aufenthalt auf einer protestantischen Universität den Jesuiten bekannt und nach Wien gemeldet worden war, mussten die Freunde diese Unterhandlungen abbrechen. Blumauer und von Born ertheilten ihm im Namen der Freunde brieflich den Rath, Leipzig schleunigst zu verlassen und sich nach Weimar unter des freisinnigen Herzogs Karl August Schutz zu dem von ihnen hochverehrten Wieland zu begeben, welchem er von Blumauer und v. Gemmingen warm empfohlen wurde. Die Hoffnung aber, ihn bald wieder in ihren Kreis zu schliessen, konnten und mochten sie nimmer aufgeben, sie glaubten die Aufhebung des Barnabitencollegiums in Kürze erwarten zu können. Der interessante Brief von Born's vom 19. April 1784 wird unten zum ersten Mal vollständig mitgetheilt.

Reinhold folgte dem freundschaftlichen Rathe. Im Frühling 1784 ging er nach Weimar und fand bei Wieland die herzlichste Aufnahme. Er wurde Gehilfe bei der Redaktion der von Wieland herausgegebenen wichtigen Zeitschrift „teutscher Merkur". Bald gewann er auch Herz und Hand von Wieland's ältester Tochter, der jugendlich blühenden Sophie, am 18. Mai 1785 wurden sie vermählt, und wie das junge Ehepaar, so verband Schwiegervater und Schwiegersohn lebenslänglich die innigste Liebe. Der alten, lieben Heimath aber und den Freunden in Wien erhielt und bethätigte Reinhold allezeit die innigste Treue. Er unterhielt nicht nur einen steten Briefwechsel mit ihnen, sondern sandte ihnen auch zahlreiche Beiträge für ihr Maurerjournal.

Ausser den Arbeiten für den Merkur beschäftigte ihn seit dem Herbst 1785 das Studium des grossen epochemachenden Werkes, das, im Jahre 1781 erschienen, alle bisherigen philosophischen Systeme für unhaltbar erklärte und mit der Lehre des transscendentalen Idealismus eine ganz neue Bahn brach. — das Studium von Kant's „Kritik der reinen Vernunft". Während von anderen Philosophen die neue, schwierige Lehre dünkelhaft ignorirt, von den Eklektikern und Popularphilosophen als Unverstand, Anmassung und scholastische Spitzfindigkeit angefochten wurde, durchdrang der junge Wiener Philosoph mit der ihm eigenen Fassungsgabe, seiner eminenten Kenntniss aller bisherigen Systeme und seinem glänzend entwickelten Scharfsinn den Gedankengang des grossen Königsberger Weisen. Es war zunächst ihm selbst ein dringendes Bedürfniss, „auf einem neuen Wege seinem Herzen die Ruhe wieder zu gewinnen, die er auf dem Felde der philosophischen Spekulation verloren und auf allen ihm bekannt gewordenen Wegen vergebens gesucht hatte;" und als er hier die eignen metaphysischen Fragen und Zweifel beantwortet und gelöst fand, — als er zu der Ueberzeugung gelangte, dass durch die Kritik der reinen Vernunft, durch die über alle Einwürfe erhabene Lehre des transscendentalen Idealismus eine der allgemeinsten, merkwürdigsten und wohlthätigsten Revolutionen, die je unter den menschlichen Begriffen vorgegangen, bewirkt werden müsse, — als er so in

Kant's Werke „das grösste Meisterstück des philosophischen Geistes, seitdem es philosophischen Geist gebe," erkannte, da drängte es ihn, ein Gut, in dessen Besitz er sich glücklich fühlte, auch andern zugänglich zu machen. In „Briefen über die Kantische Philosophie", — von denen seit August 1786 die ersten acht, allgemeinverständlich, interessant und fesselnd geschrieben, im „teutschen Merkur" erschienen, — legte er mit Hinweisung auf den damaligen Zustand der Philosophie und auf die dringendsten wissenschaftlichen und moralischen Bedürfnisse der Zeit klar und überzeugend die wichtigsten Resultate dar, die sich aus Kant's Kritik der Vernunft für die Grundwahrheiten der Religion und der Moral ergaben, und zeigte in ihnen „die Entscheidung ebenso vieler wichtigen Streitigkeiten, die durch das allgemeine Missverständniss der Vernunft unterhalten wurden". Das Aufsehen, welches diese Briefe Reinhold's verursachten, war ebenso gross als allgemein. Reinhold, der junge österreichische Gelehrte, ward Kant's erster und bester Commentator, durch ihn wurde der kritischen Philosophie der Weg gebahnt, und sein eigner Ruf als Gelehrter, als Philosoph verbreitete sich in den wissenschaftlichen Kreisen und darüber hinaus unter dem gesammten gebildeten deutschen Publikum.

Er wurde als Professor der Philosophie nach Jena berufen und siedelte im Juni 1787 dahin über. Michaelis 1787 eröffnete er dort seine Vorlesungen. Auch auf dem Lehrstuhle und durch seine Schriften erwarb er sich als Kant's grösster Schüler und Commentator für das Verständniss, für die Einführung und die Fortentwicklung der Kantischen Philosophie unvergängliche Verdienste. Durch ihn und seinen Ruhm angezogen, strömte die wissbegierige Jugend Nord- und Süddeutschlands nach Jena, um hier das philosophische Evangelium zu hören. Im Bunde mit Weimar, der Dichterstadt, wurde Jena als Hauptpflegestätte der kritischen Philosophie, wie als Pflegerin und Lehrerin aller Wissenschaften damals der geistige Mittelpunkt Deutschlands.

Mit Interesse und Freude verfolgten die Wiener Freunde den glänzenden Erfolg Reinhold's. Auch sein ehemaliger Lehrer, der wackere Paul Pepermann bekundete ihm in mehreren, in englischer Sprache geschriebenen Briefen aufrichtige warme Theilnahme. Die interessanteren Stellen derselben mögen hier in deutscher Uebersetzung folgen, — werfen sie doch auf die Personen und Verhältnisse helles Licht.

„Ihr Brief — schreibt Pepermann am 5. November 1786 an Reinhold — traf hier ein, während ich noch auf dem Lande war, und da er auf der Aussenseite die zwei gefährlichen, vermuthlich vom Postamt aufgestempelten Worte trug: „DE WEIMAR", so machte das unsern Abderiten grosse Unruhe; da ich indess das Papier sicher und wohlversiegelt empfing, so nahm ich von allen Grübeleien und argwöhnischen Vermuthungen, wozu dies vielleicht Veranlassung gegeben, keine Notiz, und ich denke: Sie können in Zukunft thun was Sie wollen, Ihre Briefe entweder direct durch die Post an mich adressiren oder auf Privatweg durch einen Freund übersenden. — Es war für mich eine angenehme Ueberraschung, als ich bei Oeffnung Ihres Letzten die mir von Ihnen übersandten Silhouetten fand; ausser dem gewöhnlichen Vergnügen eines Schmugglers, der solche Contrebande sicher empfängt, war ich ganz entzückt bei dem Anblick zweier, wenn auch nur im Umriss dargestellter Personen, die so nah mit Ihnen verwandt sind und so hoch über meinen Complimenten stehen,[1]) und der Gedanke macht mich verlegen, dass ich gegen ein so köstliches Geschenk Ihnen nur das hiebei übersendete geben kann, das Gesicht eines ganz unwichtigen, bedeutungslosen Mannes, über den Sie nichts sagen können als dass er Ihr Freund ist, dass er einigen Verstand und etwas Gelehrsamkeit besitzt und in beiden es weiter gebracht haben würde, wenn seine Verhältnisse es gestattet hätten. — Ich sage dies, um Sie sehen zu lassen, dass ich genau weiss, was ich werth bin und was nicht, und dass ich demzufolge über so viele in Ihren Briefen auf mich gehäufte Schmeichelworte etwas beschämt sein muss. Keine Benennung verdiene ich weniger als die Ihres Lehrers; wenn Sie mir in dieser Beziehung etwas verdanken, so ist es nur für die kleine Benachrichtigung, die ich Ihnen früher in Betreff einiger erträglicher Bücher gab, und für einige aufmunternde Worte, wenn Sie dann und wann auf Schwierigkeiten stiessen und darüber stutzig wurden; was alles Uebrige betrifft, so kann

---

[1]) Wahrscheinlich die Bilder Wieland's und der Frau Sophie Reinhold; vergleiche den folgenden Brief Pepermann's.

sicherlich nicht gesagt werden, dass ich irgend etwas für Sie
gethan; in der That, welche Verpflichtung können Sie Einem
haben, der Ihnen Storchenau und Bertieri zu erklären gezwungen
war, sowie einiges Oberflächliche in der Physik, und obendrein
unter dem Zwang der alten zänkischen scholastischen Methode?
oder was konnten Sie von mir erwarten, dessen Methaphysik damals, wie zum Theil noch jetzt, kaum über Malebranche und
Wolf hinausreichte, und der in Bezug auf Theologie streng ver-
pflichtet war, der breitgetretenen Strasse seiner Vorgänger zu
folgen, das heisst: den Fusstapfen einiger geschmackloser mönchi-
scher Schriftsteller? — In Ihrem ersten Briefe ist ein Satz, den
ich wirklich mit nicht geringer Bewegung las: nämlich wo Sie
sagen, Sie wären jetzt bemüht, mit unserem Zeitalter Schritt
zu halten. Es stimmte mich melancholisch, da ich bedachte, wie
gern ich in meinen letzten zwanzig Jahren dasselbe gethan haben
würde, ja wie gern ich noch jetzt mich bemühen möchte das zu
ersetzen, was ich verloren, obgleich ich sicher bin, dass all das
wenige Wissen, das ich mir zu eigen machen könnte, nur mir
selbst von Nutzen sein kann, und doch sehe ich deutlich: dies
ist in meiner gegenwärtigen Stellung nur ein chimärischer
Wunsch. Ich versichere Ihnen: manches Buch muss über ganz
Deutschland verbreitet und in die Hände fast jedes Mannes von
freier Erziehung gelangt sein, das vielleicht nur sehr wenig Personen in Wien bekannt geworden ist; wie könnte es sonst sein,
dass ich Kant's Kritik in keinem Laden unserer Buchhändler
ausfindig machen konnte, und dass, als ich vor Kurzem nach
Ihrer „Herzenserleichterung"[1]) schickte, mir mein Diener von
Wapler „Herzenserleichterung oder Verschiedenes an Verschie-
dene von Johann Caspar Lavater"[2]) brachte. Beim ersten Anblick hätte ich es in's Feuer werfen mögen, aber jetzt habe ich
es gern, weil es einerseits mich oft an Sie erinnert, andererseits
mir den Charakter des das Paradoxe liebenden Verfassers gibt.
Mit Einem Wort: unsere Drucker und Buchhändler liefern uns

---

[1]) Reinhold's anonym erschienene Schrift: „Herzenserleichterung
zweier Menschenfreunde in vertraulichen Briefen über Lavater's Glaubensbekenntniss." (1785.)

[2]) Erschien in St. Gallen 1784 und war gerade die Veranlassung
von obengenannter Gegenschrift Reinhold's.

zweimal jede Woche Anzeigen. Subscriptionen und Kataloge von altmodischen Schriftstellern, oder neue Ausgaben zu übermässigem Preis, sowie Verzeichnisse von Flugschriften und Kleinigkeiten, doch sehr selten zeigen sie Werke von solider und kernhafter Gelehrsamkeit an. — Trotzdem bitte ich Sie, mir dann und wann Nachricht über solche Autoren oder Werke zu geben, die Sie für mich geeignet oder bemerkenswerth halten; wenn ich dieselben auch nicht für Geld bekommen kann, so kann ich sie doch möglicherweise durch Vermittlung eines Freundes zu Gesicht bekommen. So habe ich kürzlich mit vielem Vergnügen Ihre Abhandlung über die Geheimnisse der Hebräer gelesen; Herr Kramer, der Sie grüssen lässt, hat mir die Uebersetzung der Satiren des Horaz gezeigt, das Werk eines Mannes[1]), der unter den Schriftstellern unseres Landes dasselbe ist, was der Fürst, dem es gewidmet[2]), unter den Staatsmännern Europas ist; er hat mir auch die Fortsetzung Ihrer Apologie der Reformation zu senden versprochen, denn bisher habe ich nur den ersten Band davon gesehen, und durch eine andere Hand hoffe ich diesen Winter die Berliner Monatsschrift zu bekommen und zu sehen, was da von dem Orden gesagt ist, von dem Sie sprechen und der nun hier in schleunigen Verfall geräth. — Sie sehen, dass dies ein sehr langweiliger Brief ist, was Sie überzeugen wird, dass ich nicht ganz von meinem Spleen curirt bin; ich würde es aber sicherlich, wenn ich mich eine Stunde mit Ihnen unterhalten oder mit einem Freund öfter von Ihnen sprechen könnte. Dies that ich mit grossem Vergnügen, als ich vor einigen Wochen die Ehre eines Besuches von Herrn Schulze hatte, einem feinen höflichen Herrn, der, wie ich mir denke, schon um Ihretwillen mit meiner Unterhaltung nicht ganz unzufrieden gewesen sein wird; grüssen Sie ihn meinerseits und sagen Sie zugleich Ihrer Frau Gemahlin meinen verbindlichsten Gruss. Ich hoffe, Sie sind beide gesund und glücklich, und da ich vermuthe, dass Sie den Namen „Pater" jetzt mit mehr Befriedigung hören, als das der Fall war, als Sie noch unter uns lebten[3]), so nehme ich mir die Freiheit, Ihnen dieserhalb meine Glückwünsche auszusprechen."

---

[1]) Wieland's.
[2]) Wenzel Anton, Fürst von Kaunitz.
[3]) Im October 1786 war Reinhold's erstes Kind Karoline geboren.

Am 20. November 1787, nach Reinhold's Besteigung des philosophischen Lehrstuhles zu Jena, schrieb Pepermann ferner an seinen ehemaligen Schüler: „Ich will Ihnen nicht mit einem Haufen Gratulationen lästig fallen. Solches Ceremoniell mag wohl Solchen gegenüber stattfinden, die ohne persönliches Verdienst, durch irgend einen plötzlichen Glückszufall in bessere Lage kamen. Was Sie betrifft, so bin ich überzeugt, es wird Ihnen kaum eine Steigerung Ihres Glückes zu Theil werden, die Sie nicht verdienten, daher statte ich Ihnen nur meinen herzlichen Dank ab für die mir von Ihnen darüber ertheilte Nachricht, die wahrhaftig ein sehr willkommenes Geschenk für Einen war, der Sie so sehr liebt wie ich. — Nach dieser Art von Vorrede ist das Erste, was ich Ihnen sagen muss: dass ich mir keine freudigere Scene vorstellen könnte als bei Ihren Vorlesungen über ‚Criticam rationis purae' gegenwärtig zu sein. Welchen Widerwillen Ihnen auch früher die meinigen ‚de divina gratia' u. s. w. eingeflösst haben mögen, so würden die Ihrigen mir jetzt hundertmal mehr Vergnügen gewähren und mich sogar nicht ganz unvorbereitet finden, insofern ich Kant's Kritik jetzt wirklich gelesen, obschon ich Ihre Briefe darüber trotz aller angewandten Mühe, mir sie zu verschaffen, noch nicht gesehen habe. Ich versichere Ihnen, lieber Freund, der ungewöhnliche Gesichtspunkt, von dem uns dieser ausserordentliche Mann unsere frühere Metaphysik der Prüfung unterwirft, so viele seiner noch nie vorher ausgesprochenen Betrachtungen, ausserdem das Vergnügen und die Belehrung, die ich mir von einer zweiten Lektüre verspreche, haben mir dieses Buch sehr lieb gemacht; überdies sind Sie es, dem ich die erste Kunde davon verdanke, und an den ich denke, wenn ich es ansehe. Verlassen Sie sich darauf, es soll diesen Winter mein Lieblingsstudium sein. — Ich hätte schon mehr Zeit auf diesen Autor verwendet, wenn ich nicht vor einigen Monaten eine neue Bekanntschaft gemacht hätte, wovon ich Ihnen Einiges berichten muss. Der Betreffende ist ein gewisser Giovanni Martinenghi, ein italienischer Barnabit, bei dem dies jedoch nicht über den Anzug hinausgeht: ein munterer, offener, liebenswürdiger, junger Mann von 26 Jahren, dessen Talente und zumal dessen vorurtheilfreies Urtheil ich nicht genug bewundern konnte. Den grössten Theil der Zeit,

die er hier war, verbrachte er mit mir und Edmund¹), fast auf
dieselbe Weise, wie Sie es früher thaten; denn Edmund spielte
hier ebenfalls den Missionär, und es war unser Spass, ihn
erst in Wuth zu bringen und dann auszulachen. Dieser neue
Freund von mir hat glücklicherweise frühzeitig erkannt, dass das
Leben eines Geistlichen eine zu enge Sphäre seiner Thätigkeit
ist. Trotz seiner Oberen hat er sich auf das Studium der Naturge-
schichte gelegt, und dies mit so gutem Erfolg, dass er während
seines Aufenthaltes hier in Wien vom Hof zum Custos des kaiserlichen Museums in Pavia ernannt worden ist. Da er bei seiner
Ankunft Empfehlungsbriefe von seinen Professoren, den Herren
Spalanzani, Scopoli u. a. mitbrachte, so wurde er bald der Lieb-
ling des Barons von Born, wo er zuerst etwas von Ihren Aben-
theuern erfuhr, und seitdem hat er sich mit mir hierüber so oft
und mit so viel Wärme unterhalten, dass ich nicht umhin konnte,
ihm das Portrait Ihrer Frau Gemahlin zu zeigen, und diese Gelegenheit ergreife, Sie noch einmal zu bitten, mir das Ihrige zu
übersenden; denn sicherlich wird er nach seiner Rückkehr von
Schemnitz in Ungarn (wo er jetzt ist und diesen Winter zubringen
wird) hocherfreut sein, das Gesicht eines Mannes zu sehen, auf
dessen Freundschaft, wie er weiss, ich so stolz bin. — Auf Ihre
Frage über das Erlöschen unseres Ordens habe ich Ihnen nichts
zu berichten, sondern bemerke blos, dass ich bei dieser Sache gerade am wenigsten interessirt bin. Wenn ich meine Lebensbahn
so weiter verfolgen kann wie bisher, so hoffe ich, dass ich keinen
Grund finden werde, unzufrieden zu sein. Bin ich aber genöthigt,
die Scene anderswohin zu verlegen, so will ich versuchen, mich
derselben so gemäss zu betragen, als die Umstände es gestatten
werden. Edmund habe ich Ihren Brief gezeigt; er lässt Sie
grüssen, sagt aber, er werde sich nie überreden lassen, dass Ihr
Gewissen jetzt in einer besseren Verfassung sei als früher unter
der Leitung des Vaters Krausler. Gegen Chrysostomus wage ich
nicht unserer Correspondenz Erwähnung zu thun, denn noch
finde ich seinen Charakter zu veränderlich und zu unbedacht-
sam. — — Den grösseren Theil dieses Briefes habe ich letz-

---

¹) Der Träger dieses Namens ist aus Pepermann's Briefen und
Reinhold's Papieren nicht zu ersehen; vermuthlich ein Barnabit.

ten Sonntag geschrieben, welches der 18. war, der nämliche Tag, an welchem Sie vor vier Jahren Ihr ‚In exitu Israel de Aegypto' sangen; auch habe ich nicht vergessen, dass seit dem 10. jenes Monats und Jahres ich Sie nicht mehr gesehen habe, und dieser Gedanke bringt für mich einen anderen noch traurigeren mit sich."

Ein weiterer Brief Pepermann's an Reinhold vom 18. Juni 1788 enthält die Stellen: „Ich habe jetzt Kant's Kritik mehrmals gelesen, muss aber offen gestehen, dass ich noch nicht so glücklich bin, völlig in alle die verwickelten Feinheiten dieses ausserordentlichen Geistes einzudringen. Die grössten Schwierigkeiten finde ich in Betreff seiner transcendentalen Deduction der reinen Vernunft und in dem, was er von den Paralogismen der reinen Vernunft sagt. Wir sind jetzt mit Büchern überschwemmt, die sich auf die durch sein neues System aufgestellten Prinzipien beziehen; einige davon habe ich schon gesehen. Hat denn Kant noch keinen Ausleger hervorgerufen, einen solchen, wie er ihn selbst in seiner Vorrede zur zweiten Ausgabe sich wünscht, der, wie er sagt, mit der Gründlichkeit der Einsicht das Talent einer lichtvollen Darstellung glücklich vereinigt? — — Haben Sie Ihrer kleinen Karoline noch nicht ein hübsches Brüderchen oder Schwesterchen gegeben? und ist das Leben, das Sie in Jena führen, so sehr angenehm oder so sehr mit Geschäften überfüllt, dass Sie darüber ganz Ihre Wiener Freunde vergessen? — Herzlichen Gruss von Edmund, und was mich betrifft, so giebt es keinen Ihrer Bekanntschaft, der einen grösseren Werth auf Ihre Freundschaft legt als ich, und keinen, der mit mehr Wahrheit und Treue so ganz der Ihrige ist." Aus einem ferneren, eines Datum entbehrenden Briefe Pepermann's theile ich endlich folgende Stellen mit: „Herr Ehrenstein, Herr Hilger und D. Augustin (jetzt Caplan bei dem Regiment Ferdinand Toscana) haben mich eben beim Schreiben an Sie angetroffen und wünschen, dass ich sie als Ihre Brüder bei Ihnen in Erinnerung bringe. Und nun, was mich betrifft, was könnte ich Ihnen mit mehr Wahrheit versichern, als dass unter den wenigen Dingen, die ganz mein Herz erquicken könnten, vielleicht das Erste wäre, Sie im Kreise Ihrer Familie zu sehen und da nur einige wenige Stunden zuzubringen, obgleich ich sicherlich dabei nur eine sehr traurige Figur vorstellen würde? Warum mussten Sie mit Hofstätter und Biwald zusammentreffen, die Sie weder zu sehen wünschten noch zu sehen verdienten, und warum kann ich nicht hoffen, Ihnen noch einmal Lebewohl zu sagen und eine Frau zu begrüssen, die Sie so hoch schätzen, und der Sie gleichwohl, wie mich dünkt, keinen höheren Werth beilegen, als sie wirklich verdient?! Ich bin nicht kühn genug, mich ihr anzunähern und um ihre Freundschaft zu bitten, doch mögen Sie, wenn Sie wollen, ihr versichern, dass jedesmal, wenn ich an sie denke, was in der That oft geschieht, mir Pope's Worte einfallen:

Charms strike the sight, but merit wins the soul,[1])

und ich sein ‚but' in ‚and' umändere. — Mögen Gesundheit, Freude und Glück Ihre und Ihrer Gemahlin stete Begleiter sein; dies ist der sehnlichste Wunsch von Einem, der Sie liebt und werth hält. — Ich bitte Sie, Ihren Brief direct an mich selbst zu adressiren. Zu gleicher Zeit ersuche ich Sie, das Wort ‚Vimaria' in der Aufschrift auszulassen und selbige von unbekannter Hand schreiben zu lassen; so entgehen wir der Neugierde der Leute, welche sich vielleicht versucht fühlen möchten, Ihre Briefe zu öffnen oder in Beschlag zu nehmen."

In so traulichem Verkehr stand Reinhold, der dem Kloster entflohene, rasch berühmt gewordene Philosoph, mit seinem ehemaligen Lehrer, dem freisinnigen und toleranten Barnabiten Paul Pepermann. In gleich innigem Verhältniss war und blieb er zu den übrigen Wiener Freunden und während der Jenaer Zeit in stetem Briefwechsel mit von Born, von Alxinger und Leon. Sind auch die von ihm nach Wien geschriebenen Briefe wohl verloren, so hat er doch die von den genannten Freunden empfangenen Briefe sorglich aufbewahrt, und noch jetzt, nach hundert Jahren, liegen dieselben wohlerhalten vor.

Von Born, dem väterlichen Freunde Reinhold's, theile ich nachstehend ausser dem obenerwähnten Briefe vom 19. April 1784 noch zwei andere Briefe mit, von denen der eine vom 9. Juni 1784 noch nach Weimar in liebender Sorge um den Flüchtling und mit Freude über die Blüthe der Wiener Loge geschrieben ist, der andere, vom 3. December 1789 dagegen warmen Dank dafür enthält, dass Reinhold seinen „Versuch einer neuen Theorie

---

[1]) „Schönheit entzückt den Blick, doch inn'rer Werth gewinnt die Seele."

des menschlichen Vorstellungsvermögens" (Prag und Jena 1789), sein erstes grösseres Werk, „seinen väterlichen Freunden Ignaz von Born in Wien, Immanuel Kant in Königsberg und Christoph Martin Wieland in Weimar zum Denkmal seiner Dankbarkeit, Verehrung und Liebe" gewidmet hatte. Schon zwei Jahre später, am 28. August 1791, schied der hochverdiente Mann in Wien aus dem Leben.

Die Briefe Alxinger's an Reinhold gehören dem Zeitraume vom Jahre 1785 bis 1792 an. Gerade diese Jahre bilden die wichtigste Periode im Leben des talentvollen Wiener Dichters. Zwar hatte er schon im Jahre 1780, erst 25 Jahre alt, seine „sämmtlichen Gedichte" erscheinen lassen und vier Jahre darauf, 1784, seine „sämmtlichen poetischen Schriften", verbessert und vermehrt, zum Vortheil des Wienerischen Armeninstituts herausgegeben. Diese lyrischen Gedichte waren nicht Meisterwerke, sie sprachen aber durch ihr sanftes Gefühl, ihre Leichtigkeit und gefällige Laune an, und fanden auch im „teutschen Merkur", aus Reinhold's Feder, 1785 wohlwollende Besprechung. Die nächstfolgenden Jahre aber brachten Alxinger's Hauptwerke, seine beiden epischen Dichtungen, die ihm für alle Zeit einen Platz in der Geschichte der deutschen Literatur gesichert haben. Im Jahre 1787 erschien in Leipzig in erster Ausgabe sein „Doolin von Mainz, Rittergedicht in 10 Gesängen", und nachdem er im Jahre 1788 eine neue Ausgabe seiner Gedichte, mit vielen Uebersetzungen und Nachbildungen aus alten Classikern, sowie aus Engländern und Franzosen, in zwei Theilen herausgegeben hatte, erschien zu Leipzig im Jahre 1791 sein zweites episches Werk: „Bliomberis, Rittergedicht in 12 Gesängen."

Es mangelte ihm feuerige dichterische Phantasie und wirkliche Originalität, die beide durch den eisernen und ausdauernden Fleiss des Dichters nicht ersetzt werden konnten. Nimmt er daher auch unter den deutschen Dichtern der letzten Decennien des vorigen Jahrhunderts keine hervorragende Stelle ein, so thun ihm doch neuere Literarhistoriker entschieden Unrecht, wenn sie seine Leistungen als bedeutungslos bezeichnen oder geradezu ignoriren. Der Wieland'schen Schule angehörig, hat er in Nachahmung des Meisters mit den beiden epischen Dichtungen Doolin und Bliomberis, wenigstens für jene Zeit der Literatur, gewiss

Anerkennenswerthes geleistet. Sehr richtig sagt Alxinger selbst in nachstehendem Briefe vom 6. Mai 1792, dass sein Doolin das Beste sei, was er geliefert habe oder zu liefern im Stande sei. Beide Gedichte haben eine mit Fleiss und Sorgfalt geschaffene, feine Form, bekunden einen durch eifriges Studium des classischen Alterthums gebildeten Geschmack und enthalten einzelne wahrhaft gelungene, schöne Stellen. Aus jedem Worte spricht die edle Natur des Dichters und seine freisinnige, auf Aufklärung des Volkes abzielende Richtung. Vor Allem aber ist sein ächt deutscher Charakter und die Reinheit seiner Sprache, welche selbst manchem heutigen Dichter als Muster dienen könnte, rühmend hervorzuheben. Diese Reinheit der deutschen Sprache, deren sich Alxinger befleissigte, war für Oesterreich und dessen Literatur von der grössten Bedeutung. Wie sorglich und gewissenhaft er dabei verfuhr, erhellt aus den Anmerkungen, in welchen er einzelne Wendungen seiner Gedichte, die etwa hätten auffallen können, durch Belege aus Dichtern des Reiches zu rechtfertigen suchte.

Eben das spricht klar aus den vierzehn Briefen, welche ich von ihm unten mittheile. Sie bekunden Alxinger's warme Verehrung von Lessing, Wieland und Schiller, wenn er auch — vielleicht mit Recht — die Uebersetzungen des Letzten tadelte. Sie bekunden seinen deutschen Sinn und Styl, seine classische Bildung, seine innige Freundschaft, seine wahre Liebenswürdigkeit. Indem sie uns Blicke in das langsame, mühsame Schaffen des Dichters gewähren, lassen sie die obenerwähnten epischen Dichtungen vor unsern Augen entstehen, zeigen uns aber auch den Dichter in mannhaftem Kampfe gegen die Jesuiten.

Im Jahre 1793 erhielt Alxinger die Stelle eines Secretärs am kaiserlichen Hoftheater, die er aber nur kurze Zeit bekleidete. Im Jahre 1794 wurde ihm die Ehre zu Theil, in den Reichsritterstand erhoben zu werden. Doch schon der erste Tag des Mai im Jahre 1797 schloss dem Dichter, der Lenzeswonne und Lenzeslust so gern gefeiert hatte, das Auge für immer.

Zu den Jugendfreunden Reinhold's gehörte ferner, wie oben erwähnt wurde, Gottlieb Leon; er war ihm der liebste, der vertrauteste von Allen. Erst zwanzig Jahre alt, hatte Leon im Jahre 1777 in Verein mit Ratschky den Wiener Musenalmanach herausgegeben, der noch unter „sehr eingeschränkter und erzbigotter

Censur" zu leiden hatte, und hatte in jenem Jahrgange des Almanachs wie auch in den weiteren Jahrgängen desselben manches anmuthige, seine poetische Begabung bekundende Gedicht erscheinen lassen. Im Jahre 1782 gab ihm der erfolglose Besuch der Kaiserstadt durch den Papst den Anlass zu zwei Schriften: „Lied eines österreichischen Bauernmannes auf die Ankunft des heiligen Vaters Pius VI." und „Anmerkungen zur Frage: Was ist der Papst? nebst Zurechtweisung eines geistlichen Redners." In demselben Jahre wurde Leon als Scriptor an der k. k. Hofbibliothek zu Wien angestellt. Die Mussestunden wurden der Poesie gewidmet. Unter dem Schutze der Pressfreiheit nahm auch er in der Josephinischen Periode an dem geistigen Aufschwung, der im ganzen Kaiserstaat und vor allem in der Hauptstadt sich kund gab, regen Antheil und hat insofern sich hohes Verdienst erworben. Er gehörte dem Freimaurerbunde, er gehörte auch dem Illuminatenorden bis zu dessen Aufhebung mit allem Eifer an. Eine Schrift: „Empfindungen über den der Freimaurerei in den k. k. Erblanden öffentlich ertheilten Schutz" liess er in Wien 1786 erscheinen. Mit Born befreundet, hegte er dagegen eine entschiedene Abneigung gegen die Anmassung und Schlüpfrigkeit Blumauer's. Er setzte den Wiener Musenalmanach fort und veröffentlichte sowohl in diesem als auch im Göttinger und Hamburger Musenalmanach kleine reizende Dichtungen. Ein Bändchen „Gedichte" erschien im Jahre 1788. Gemeinschaftlich mit Ratschky und Kreil edirte er in den Jahren 1807 und 1808 zwei Jahrgänge eines „Taschenbuches zum Vergnügen und Unterricht" unter dem Titel „Apollonion". Leider wurde das Leben dieses talentvollen Mannes durch seine Vereinsamung, durch Kränklichkeit und Hypochondrie getrübt. An der k. k. Hofbibliothek, von welcher er im Jahre 1820 eine „kurz gefasste Beschreibung" erscheinen liess, rückte er zum Custos vor, Ende 1827 trat er in den Ruhestand, und fünf Jahre später, am 17. September 1832, starb er im Alter von 75 Jahren.

Von den Briefen, die er seinem Freunde Reinhold nach Weimar und Jena schrieb, sind leider nur die nachstehenden eilf aus den Jahren 1786 bis 1792 erhalten. Jedenfalls ist er auch später mit dem ihm so innig verbundenen Freunde in Correspondenz geblieben, aber alle Leon'schen Briefe aus späterer Zeit fehlen.

Umso dankbarer ist es anzuerkennen, dass wenigstens jene elf Briefe mit ihrem mannigfachen, bedeutsamen Inhalte uns erhalten geblieben sind. Sämmtlich auf der Wiener Hofbibliothek geschrieben, und von dort aus datirt, behandeln sie die Zustände und Schicksale der Wiener Freimaurerei und des Illuminatenordens, sowie die poetischen Arbeiten Leon's. Sie geben der hohen Verehrung, welche derselbe für Wieland, Goethe und Schiller hegte, und dem Interesse, welches er der Kantischen Philosophie zuwandte, lebhaften Ausdruck, und bieten anschauliche Bilder von den damaligen Verhältnissen der Wiener Presse, — in welcher, neben der Wiener Realzeitung, die aus von Gemmingen's Magazin entstandenen Wiener Ephemeriden „das damals (1786) einzige beträchtliche Journal von Wien waren", — sowie von der Entstehung des Wiener Musenalmanachs und der leider bald genug wieder zunehmenden Censurstrenge.

Im Winter 1790 bis zum Frühling 1791 verweilte Franz Paul Freiherr von Herbert aus Klagenfurt in Jena, um unter Reinhold's Anleitung die kritische Philosophie zu studieren. Er wurde ein begeisterter Anhänger derselben und ein treuer Freund ihres Lehrers. Bezeichnend ist die Schilderung, welche Schiller in einem Briefe an Körner vom 10. April 1791 von ihm giebt: „Eine meiner Bekanntschaften ist ein gewisser Baron Herbert aus Klagenfurt, ein Mann an den 40, der Weib und Kind hat, eine Fabrik in Klagenfurt besitzt und auf vier Monate nach Jena reiste, Kantisch-Reinhold'sche Philosophie zu studieren. Ein guter, gesunder Kopf mit ebenso gesundem moralischen Charakter. Er soll seinen Zweck erreicht haben, wie man mir sagt, und einen sehr gereinigten Kopf mit nach Hause zurückbringen." Der junge Philosoph Forberg, Schüler und Freund Reinhold's, wie später Freund Fichte's, begleitete den Freiherrn von Herbert von Jena über Wien nach Klagenfurt, und gab in einem Briefe an Reinhold vom 14. Mai 1791 das anziehende Bild von dem edlen, durchgeistigten Leben des Herbert'schen Hauses zu Klagenfurt: „Das Herbert'sche Haus ist ein Athen! Männer, Jünglinge, Frauen und Mädchen — kurz Alles huldigt der Philosophie! Alle sind bis zum Enthusiasmus für sie eingenommen, und zwar aus dem edelsten Beweggrunde, aus dem Bedürfniss einer besseren Religion. Ich bin stolz darauf, in diesem Zirkel vortrefflicher Menschen zu sein, wo Musen und Grazien in harmonischem Bunde leben, und wo eine Natürlichkeit und Ungezwungenheit herrscht, die mich immer an das goldene Zeitalter erinnert. — Reinhold's Name ist hier heilig, alle lieben und verehren Sie unaussprechlich." Und nach dem Abschied von dort, in einem Briefe an Reinhold vom 28. September 1791, sagt Forberg: „In den letzten drei bis vier Wochen bin ich in Klagenfurt ganz missmuthig über die unvermeidliche Trennung gewesen, welche mich von dem Kreise der Vortrefflichen scheiden sollte. Ich bin völlig überzeugt, dass das Herbert'sche Haus vielleicht in ganz Deutschland wenige seines Gleichen finde, und dass dasselbe der lebendigste Beweis für den wohlthätigen Einfluss sei, welchen die kritische Philosophie nicht blos auf den Kopf, sondern hauptsächlich auch auf das Herz ihrer Verehrer äussert. Die Frömmigkeit ist aus diesem Hause verbannt, aber sie hat der Sittlichkeit Platz gemacht, welcher Alle in Worten und Handlungen mit Ehrfurcht huldigen." — Auf der Hinreise nach Klagenfurt im Frühling 1791 suchte Forberg die damaligen literarischen Berühmtheiten Wiens auf, und theilt in dem erwähnten Briefe an Reinhold vom 14. Mai 1791 die empfangenen Eindrücke mit. Mögen auch die Urtheile des jungen Gelehrten in einzelnen Punkten einseitige und voreilige sein, in anderen Punkten sind sie so treffend, und seine Schilderungen so anschaulich, dass nachstehende Stellen jenes Briefes hier Platz finden mögen. Forberg rügt, dass die von ihm besuchten Wiener Dichter „unmässig eitel seien, von der Unübertrefflichkeit ihrer Gedichte die allerausschweifendsten Begriffe hätten, und dabei die Philosophie als müssige Grübeleien finsterer Stubengelehrten verspotteten," er stellt sie in einen für sie sehr ungünstigen Vergleich mit Schiller, welchen er begeistert den König der Dichter nennt, und äussert sodann über Einzelne unter anderem Folgendes: „Blumauer hat in meinen Augen unendlich verloren, seitdem ich ihn kenne. So unermesslich viel Vergnügen mir sein unerschöpflicher Witz von jeher gewährt hat, so wenig habe ich mich doch überreden können, dass seine Gattung von Gedichten die einzige sei, welche einem denkenden Geiste die edelste und belohnendste Unterhaltung verschaffen könne. Gleichwohl ist Blumauer selbst lebendig von der Wahrheit überzeugt, dass der einzige Beruf des Schriftstellers sei, für ein grosses Publikum, d. i. für das Volk, zu schreiben.

Schiller's Meister-Rezension[1]) hat er, wie die Allgemeine Literatur-Zeitung überhaupt seit Jahr und Tag nicht gelesen; er könne, sagt er, alle Beurtheilungen von Büchern nicht leiden, denn theils sei er überhaupt gewohnt, alle Gelehrte unter sich zu sehen und folglich blos sie selbst zu beurtheilen, nicht aber sie auf dem Richterstuhle zu sehen; theils sei das Buch entweder gut oder schlecht; sei es gut, so brauche er nur den Titel oder Ein Wort, um es selbst zu lesen und zu beurtheilen; sei es schlecht, wozu ein Urtheil über ein schlechtes Buch? — Eine Rezension vollends über ein Werk wie Bürger's Gedichte, das er fast auswendig gelernt und bereits alles darüber gedacht habe, was sich darüber denken liesse, die möge er gar nicht lesen: es wäre ihm lieber, Schiller hätte statt ihrer ein Gedicht gemacht; ob er wohl im Ganzen Schiller unmöglich für einen guten Dichter passiren lassen könnte. — Ganz anders fanden wir die beiden Herren von Schönfeld. Beide von nicht gemeinen, aber noch lange nicht ausgebildeten Talenten, beide durchdrungen von Verehrung Schiller's und voller Empfindung für alles Schöne, Grosse und Gute! Der jüngere Immanuel ist ein sehr liebenswürdiger Jüngling, und ich habe ihn ungemein lieb gewonnen. Er ist ganz Dichter etc. — An Herrn Leon habe ich einen äusserst liebreichen und gefälligen Mann gefunden, der wenigstens von der Erbsünde der Wiener Gelehrten, der Eitelkeit, eine beträchtlich kleinere Portion empfangen hat. — Herrn von Born haben wir auch besucht, ein trockener, finsterer Mann, der entweder gar nicht, oder (was noch schlimmer ist) ungemein leise spricht, — lauter Eigenschaften, die bei mir in keinem guten Credit stehen." Ich bemerke, dass dieser Besuch des verdienstvollen Mannes wenige Monate vor dessen Tode stattfand. Endlich berichtet Forberg ausführlich über seinen Besuch des hochverdienten Sonnenfels, bei welchem er durch einen Grafen Eggers eingeführt wurde. Ich lasse auch davon die bezeichnendsten Sätze folgen: „Er empfing uns mit herablassender Freundlichkeit und stellte sich nach den ersten Complimenten sogleich in eine Positur an die Ecke einer Commode, die die Rolle deutlich anzeigte, die er nunmehr zu spielen im Begriffe war. Wir standen

---

[1]) Die Rezension von Bürger's Gedichten.

als lernbegierige Schüler um den grossen Sonnenfels herum — wir erwarteten ungemeine Dinge — aber er übertraf unsere Erwartung. Wir kamen auf die Allgemeine Literatur-Zeitung zu sprechen und wussten zum Unglück nicht, dass er ein erklärter Gegner derselben war, und dass er schon 1787 eine Broschüre gegen sie geschrieben hatte. Er gestand, dass er sie seit vier Jahren nicht lese, und auch wegen ihrer Parteilichkeit und Bestechbarkeit nicht lesen möchte. Wir widersprachen. Umsonst: er demonstrirte uns aus seiner Broschüre ad oculos, dass die Allgemeine Literatur-Zeitung in erbärmlichem Deutsch geschrieben wäre, und gleichwohl, sagte er, erkühnten sie sich, Mir Sprachfehler vorzuwerfen, — Mir Sprachfehler! Die Rezensionen, fuhr er fort, im statistischen und politischen Fache, wo er doch auch als Richter mitsprechen könnte, taugten ebensowenig, als die im poetischen, in welchem er doch auch etwas gethan habe. — Er berief sich auf seine Reise nach Sachsen und Brandenburg, erzählte, wie er da die hochberühmten Schiedsrichter der Literatur von Angesicht zu Angesicht gesehen, wie wenig sie insgesammt seinen Erwartungen entsprochen hätten, wie unbedeutend die Anzahl der Selbstdenker wäre, die den Ton angäben, wie unendlich gross dagegen die Menge der Nachbeter, wie schlecht der Vortrag der Professoren gewesen, und wie wenig ihm selbst sein geliebter Freund Platner Genüge geleistet. — Wir sprachen von einigen minder interessanten Dingen; sein liebes Ich kam alle Augenblicke ins Spiel und seine Eitelkeit würde unerträglich sein, wenn nicht sein Witz und seine Beredsamkeit die Phantasie bestächen, und wenn nicht eine gewisse Grazie in seinen Gesichtszügen und hauptsächlich in der Bewegung seines Mundes herrschte, der man unwillkürlich huldigen muss."

Soweit der Forberg'sche Bericht. Kehren wir nach dieser Abschweifung zu Reinhold zurück.

Nach siebenjährigem Wirken in Jena folgte Reinhold einem ehrenvollen Rufe als Professor der Philosophie an die Universität Kiel. Im Frühling 1794 siedelte er dahin über und entwickelte auch dort als Lehrer und Schriftsteller die segensreichste Wirksamkeit. Mit unermüdlichem Streben und Forschen nach Wahrheit ging er in seinen dortigen Studien von der bisher vertretenen Vorstellung der Kantischen Schule, dass nur die Beschaffenheit und

Gesetzmässigkeit der Funktionen unserer subjectiven Intelligenz Gegenstand der rein rationalen Erkenntniss sein könne, zu der entgegengesetzten über, dass die Charaktere des objektiven Seins alles dessen, was unabhängig von der menschlichen Intelligenz wirklich ist, die Gegenstände dieser Erkenntniss seien. Als im Herbst 1799 die Schrift des Professors der Philosophie am Gymnasium zu Stuttgart Christoph Gottfried Bardili: „Grundriss der ersten Logik" erschienen war, waren die darin ausgesprochenen Grundgedanken und der Versuch Bardili's, von dem Standpunkte der Denklehre aus die Philosophie als Wissenschaft zu begründen, für Reinhold von höchstem Interesse. In Verein mit Bardili gründete er das philosophische System des rationalen Realismus, welches bald eine lebhafte, ja heftige Polemik in der Gelehrtenwelt hervorrief. Diese wissenschaftlichen Arbeiten Reinhold's und der Umstand, dass er sein Werk: „Anleitung zur Kenntniss und Beurtheilung der Philosophie in ihren sämmtlichen Lehrgebäuden" (wie er selbst bemerkt, eine pragmatische Geschichte des stufenweisen Ueberganges von dem s. g. gemeinen Menschenverstande durch die Spekulation als positiver, negativer, objektiver, subjektiver, absoluter Dogmatismus zur wahren Philosophie als solcher) in Wien erscheinen lassen wollte, brachten in dieser Lebens- und Strebensperiode den grossen Philosophen, der warme Liebe zur alten Heimath allezeit treu bewahrte, in neue Beziehungen zu einem andern Wiener Gelehrten und Dichter, zu Lorenz Leopold Haschka.

Haschka war in seiner Jugend Mitglied des Jesuitenordens gewesen und zu Krems Lehrer der unteren Grammatikalklassen geworden. Nachdem der Jesuitenorden aufgehoben worden, war Haschka im Jahre 1773 in den weltlichen Stand zurückgetreten und hatte sich nach Wien begeben, wo er der Schriftstellerei oblag und den Dichter Alxinger in der deutschen Metrik unterrichtete. Bei Alxinger lernte er damals auch den jungen Barnabiten Reinhold kennen. Dass er mit Riedel in den Jahren 1776 und 1777 eine periodische Schrift: „die literarischen Monate" herausgab, in welche Reinhold einige Oden gab, wurde schon oben erwähnt. Im Verkehr mit Alxinger, Blumauer, Ratschky, Leon und namentlich mit Denis entwickelte sich Haschka's poetisches Talent, und seine Bekanntschaft mit Denis war für

ihn besonders desshalb wichtig, als er unter dessen Einfluss sich
für die Ode entschied. Er liess seine Oden oder sonstigen Gedichte theils in dem Wiener Musenalmanach, theils im „teutschen
Merkur" und anderen literarischen Zeitschriften, grossentheils
aber als Flugblätter erscheinen. Man hat an seinen Oden mit
allem Recht getadelt, dass ihr Ton bisweilen gezwungen und
frostig sei und ein falsches Pathos vorwalte. Wenn aber die Allgemeine Literaturzeitung ihn gewissermassen als einen Stümper
behandelte, und eine Xenie ihn unter der Ueberschrift: „Muse
zu den Xenien" mit den Worten verspottete:

> Aber jetzt rath' ich euch, geht, sonst kommt noch gar der Gorgona
> Fratze oder ein Band Oden von Haschka heraus,

so geschah ihm damit offenbar Unrecht. Viel gerechter gab der
„teutsche Merkur" in einer Rezension des Wiener Musenalmanachs
sein Urtheil über Haschka's Gedichte dahin ab, dass das dichterische Talent des Verfassers anzuerkennen und dass nur zu
wünschen sei, „er möchte über seine Dunkelheit Herr werden, die
oft den Genuss seiner nicht gemeinen Schönheiten verderbe."
Haschka beachtete die Mahnung und suchte seine Dichtungen
zu vervollkommnen. Welchen Beifall und welche Verbreitung einzelne seiner Oden fanden, erzählt er selbst in den nachstehenden
Briefen. Seine Oden: „An das gerettete Deutschland" (1795) und:
„Auf Franz I., Erbkaiser von Oesterreich" (1804) waren in Wien
und weit über Wien und Oesterreich hinaus wahre Ereignisse.
Aehnliches Aufsehen machten seine Gedichte: „Ode an Kaiser
Josef" (1782), „Auf die Eroberung von Belgrad" (1789), „Auf die
Rückkehr Leopold II. von der Krönung in Frankfurt" (1790), „Am
Huldigungstage 6. April 1790", „An die Befreier Deutschlands"
(1796), „Auf den Frieden von Campoformio" (1798), „Auf die
Siege Oesterreichs und Russlands" (1799) u. a. m. Sehr richtig
sagt Haschka selbst darüber: „wenn meine Oden auch gar keinen
poetischen Werth hätten, so werden sie doch historisch immer
merkwürdig bleiben, denn redlich und getreu ist meine Leier den
grossen Ereignissen ihrer Tage gefolgt." Sie haben aber auch
in der That poetischen Werth, sie sind nicht nur Zeugnisse
wahren dichterischen Talentes, sondern auch mit ihrer Kraft und
Originalität bedeutsame Erscheinungen in der Geschichte der
Literatur jener Zeit. Eines seiner Gedichte ist noch jetzt auf

aller Lippen, es ist die Volkshymne, durch welche er sich am meisten bekannt machte und zu welcher Haydn die schwungvolle, erhebende Melodie componirt hat: „Gott erhalte Franz den Kaiser!" Sie erschien zu Wien 1797 in Druck unter dem Titel: „Gott erhalte Franz den Kaiser! Verfasst von Lorenz Leopold Haschka, in Musik gesetzt von Joseph Haydn. Zum ersten Male abgesungen den 12. Februar 1797." Das Originalmanuscript der Hymne, wie der Partitur wurde in der kaiserlichen Hofbibliothek zu Wien im Jahre 1842 aufgefunden und wird dort aufbewahrt.

Haschka wurde Custos der Wiener Universitätsbibliothek und Professor der Aesthetik am Collegium Theresianum. Der grossen Revolution, welche sich durch den Königsberger Weisen auf dem Gebiete der Philosophie vollzog, wandte er lebhaftes Interesse zu. Er war, wie er selbst von sich rühmt, der erste in Wien, der Kant's Kritik der reinen Vernunft kaufte, las und empfahl. Mit gleichem Interesse las er die Schriften Reinhold's, des „ersten, eifrigsten Apostels Kant's," verfolgte die philosophische Laufbahn seines Wiener Landsmannes von Schritt zu Schritt und vertiefte sich an dessen Hand in die kritische Philosophie. Innig erfreute es ihn, als er im Jahre 1803 mit dem berühmten Landsmann in Briefwechsel treten und für die wissenschaftlichen Arbeiten desselben mitthätig werden, als er in vertrautesten Herzensergiessungen sich ihm mittheilen, Gedanken und Gefühle austauschen, seinen patriotischen Ingrimm, aber auch patriotischen Stolz in verhängnissvoller Zeit aussprechen und eine innige Freundschaft schliessen konnte, die sich zuletzt bis zum brüderlichen „Du" steigerte. Auf Haschka's Geist und Charakter werfen diese Briefe, welche vom Februar 1803 bis zum November 1808 reichen, helles Licht.

Man hat mit der Behauptung, dass Haschka ein Spion und Denunciant gegen die Freunde der französichen Revolution gewesen sei, Charakter und Leben desselben zu verdächtigen gesucht. Schlosser in seiner Geschichte des achtzehnten Jahrhunderts, Kurz in seiner Geschichte der deutschen Literatur u. A. haben diese Beschuldigung erhoben, und die Schrift „der Jakobiner in Wien" (Zürich 1842) hat geradezu behauptet, Haschka habe nach Kaiser Leopold's Thronbesteigung seine Glücksumstände dadurch zu verbessern gesucht, dass er die Partei der Aufklärung verlassen, zur Fahne des Obscurantismus geschworen habe und sich von der geheimen Polizei als Spion habe besolden lassen.

Dem entgegen äussert sich der edle Alxinger über ihn in einem Briefe an Reinhold: „Haschka liebe und schätze ich unendlich; er verdient es durch sein Herz, seinen Geist und seine Gelehrsamkeit;" und in den Briefen Haschka's findet sich nichts, was ihn einer Schurkerei fähig erscheinen lassen könnte. Wohl enthalten sie manches einseitige und schiefe Urtheil, aber auch vieles Gesunde und Kernige, und aus jeder Zeile spricht die warme Liebe Haschka's zu dem „guten, treuen und hochherzigen Volke," zu dem „alten, guten, biedern Oessterreich," lebhafter Stolz auf seine Vaterstadt Wien, ein feuriger Patriotismus, der bis zum heftigen, ungerechten Urtheil und Ausfall auf die Gegner sich steigert, und ein unbegrenzter Hass gegen das Pfaffenthum.

Nach diesen Briefen muss man ihn achten und lieb gewinnen, und tief ergreifend ist sein Brief vom 31. October 1807, in welchem er den Bruderbund mit den feierlichen Worten besiegelt: „dass ich der Neunundfünfziger, dieses mein freiwilliges Handgelöbniss nicht verletzen werde, dafür ist Dir mein gelebtes Leben Bürge: denn auch in meiner flüchtigen Jugendzeit war mir das Ernste stets ernst und das Heilige heilig, und nie hab' ich mit heiligen und ernsten Worten frevelhaft oder leichtsinnig gespielt. Also Bruder, auf Du und Du, für Zeit und Ewigkeit!"

Diese sechzehn Briefe Haschka's von 1803 bis 1808, in welchen er, der Verehrer Wieland's, Schiller's, Jean Paul Richter's, Kollin's, der Karoline Pichler etc., über die literarischen Erscheinungen jener Zeit und über die kriegerischen und politischen Ereignisse sich offen ausspricht, sind ein treues Spiegelbild der damaligen geistigen Bewegung, der literarischen, politischen und Culturzustände Oesterreichs in der bedeutendsten, folgenreichsten Periode der Geschichte des Kaiserstaates.

Leider reichen diese Briefe nur bis zum Jahre 1808, und es ist nicht festzustellen, ob Reinhold und Haschka auch nach dieser Zeit in Briefwechsel geblieben sind. Der Erstere, der jüngere der beiden Freunde, starb zuerst; am 10. April 1823 schied er, 65 Jahre alt, aus dem Leben. Sein Freund Haschka überlebte ihn noch vier Jahre, erst am 3. August 1827 starb er im Alter von 78 Jahren.

Es kann hier nicht der Ort sein, das Leben und Wirken **Karl Leonhard Reinhold's** eingehend zu schildern. Sein Sohn, der geistreiche Jenaer Philosoph **Ernst Reinhold**, hat in dem vorzüglichen Werke: „**Karl Leonhard Reinhold's Leben und literarisches Wirken, nebst einer Auswahl von Briefen Kant's, Fichte's, Jacobi's und anderer philosophirender Zeitgenossen an ihn**" (Jena 1825) eine treffliche Biographie des Mannes gegeben, der allezeit zu den ersten und glänzendsten Sternen am Himmel der deutschen Philosophie gehört. Aber Ernst Reinhold liess die zahlreichen bedeutsamen Briefe Wieland's an den geliebten Schwiegersohn und alle Briefe damals (1825) noch lebender Personen unberücksichtigt und unveröffentlicht, und gerade diese sind es, welche die ewig denkwürdige Zeit der alles erfassenden, alles durchdringenden geistigen Reform, die damaligen Kultur- und Literaturzustände, berühmte Zeitgenossen Reinhold's, namentlich Wieland, und Wesen, Charakter und Wirken Reinhold's selbst, des edlen Menschen, des grossen Gelehrten, des ersten und bedeutendsten Commentators Kant's in helles Licht stellen. Karl Reinhold, der für literarische, philosophische und naturwissenschaftliche Forschung begeisterte Jurist, der Enkel Karl Leonhard Reinhold's, auf welchen der Geist des Grossvaters und Vaters sich vererbt hat, hat mir die Nachlasspapiere des Grossvaters, darunter Briefe des Letztern selbst, sowie die Briefe Wieland's, Fichte's, Jacobi's, Erhard's, Niethammer's, Schiller's, Lavater's, E. v. d. Recke, der Familie Reimarus u. A. an Reinhold, zur Herausgabe übergeben, ich werde sie demnächst unter dem Titel „**Wieland und Reinhold**" veröffentlichen und diesen Materialien eine Lebensskizze des grossen Philosophen vorausschicken. Bei jenen Nachlasspapieren liegen aber auch die nachstehenden Briefe der Wiener Freunde v. Born, v. Alxinger, Leon und Haschka. Von dem Wunsche erfüllt, dass diese Wiener Briefe als kleine Beiträge zur Jugendgeschichte der deutsch-österreichischen Literatur, des deutsch-österreichischen Geisteslebens willkommen sein möchten, übergebe ich dieselben hiermit der Oeffentlichkeit.

I. IGNAZ von BORN.

1. Jgnaz von Born an Reinhold
den 19. April 1784.[1])

Liebster.

Dass die Lojoliten in Leipzig es hieher berichtet haben, dass Sie in Leipzig sind; dass dadurch unsre Unterhandlung ganz unterbrochen worden seye, und wir noch eine Zeit lang werden temporisiren müssen, wird Ihnen Benigin[2]) schon geschrieben, und Ihnen zugleich Geld übermacht haben, um nach Weimar zu reisen, wo Sie unter Wielands Schuze u. in seiner Gesellschaft leben sollen, bis wir hier entweder ihre ungeahndete Rükkehr erwirket haben, oder ihr Orden aufgehoben seyn wird, welches, geliebts Gott! doch bald geschehen muss; denn das Aufheben der Klöster geht noch immer fort. Wir schiken Ihnen durch den Baron Mandelsloh — einen Bruder unsrer ▢ — der als Regierungs Rath nach Weimar geht, und in fünf oder 6 Wochen dort eintreffen wird, Michaelers Abhandl. über die phönizischen Mysterien. Schitlersberg hat solche so abgeändert, dass sie in unsern Uebungen vorgelesen werden könnten. Mich däucht aber dass er zu viel von dem, was eigentlich zur Historie gehört, weggelassen hat. Sie erhalten das ungeänderte u. das abgeänderte Manuscript, u. wir vertrauen auf ihre Geschiklichkeit, dass Sie dem ganzen Dinge die rechte Form geben werden.

[1]) Bei E. Reinhold a. a. O. S. 22 in Auszug. — Ueber Ignaz von Born (geb. 1742, † 1791) vergl. die Einleitung. Der Brief wurde an den aus Wien entflohenen Reinhold nach Leipzig geschrieben.
[2]) Jedenfalls Blumauer.

Gemmingen¹) hat Sie schon vorhinein an Wielanden empfohlen. Blumauer giebt Ihnen auch ein Schreiben, u. so reisen Sie nun in Nahmen des höchsten Baumeisters nach Weimar. Mandelsloh — von dem ich oben sprach — ist ihres Zutrauens würdig. Ein junger, aber ein guter bescheidner Mann. Wenn Sie Musse haben, so schiken Sie uns Abhandlungen, Reden, Gespräche oder was Sie immer wollen, für unser Journal; wo die Zensur nicht so strenge ist, als in foro fori. Denn z. B. Ihr Mönchsgeist, der in Gemmingens Journal eingerükt werden sollte, hat die Zensur nicht passirt. Sie können jeder philosophischen Abhandlung bald so eine Wendung geben, dass sie für eine maurerische Schrift gelten kann. Blumauer wird Ihnen für jeden Bogen 2 Ld'or entrichten. Für Ihren Unterhalt in Weimar werden wir nach Kräften sorgen, und ich hoffe es soll Ihnen an keinem Bedürfnisse mangeln. Gewiss aber werden wir was immer für Wege einschlagen, um Sie bald wieder in unsern Kreis zu schliessen. Auf meine Freundschaft Hochachtung u. Liebe können Sie so lang zählen als lang ich lebe.

Den 19. Apr. 784.   Ihr B.

Platner²) war öfters bey mir. Er scheint seinem Zuschnitte nach der artigste unter den Leipziger Professoren zu seyn. Man überhäuft ihn hier mit Höflichkeiten. Er wirds doch nicht wieder mit Undank vergelten?

2. v. Born an Reinhold
den 9. Juni 1784.

Wien den 9. Juni 1784.

Das Vorausgegangene mag mich entschuldigen, dass ich ihre Briefe so spät beantwortete; Indessen habe ich es gewagt an Hrn. Hofrath Wieland zu schreiben. Wenn ich mein bischen Ruhm in Vergleich ziehen dürfte mit jenem, der Wielanden mit

---

¹) Freiherr von Gemmingen in Wien, der Herausgeber des „Magazins für Wissenschaften und Literatur".

²) Der Leipziger Professor der Medicin, der Physiologie und der Philosophie Ernst Platner, geb. 1744, † 1818.

so vielem Rechte gebührt, so darf ich wohl glauben, dass ihm dieser Ruhm theuer zu stehen kommen müsse, wenn er allen den Leuten, die einen Brief von einem berühmten Manne zu erhaschen wünschen, um damit, ich weiss nicht wie Gross zu thun, antworten sollte. Ich habe ihn auch gebeten mir nicht zu antworten, oder dies wenigstens in einer seiner verworfenen Stunden zu thun; denn ich wollte ihme nur für die gütige Aufnahme danken, die er ihnen erwies u. Sie, wenn meine Empfehlung was nüzen könnte, Ihm empfehlen; ohne ihme sonst die kostbare Zeit zu rauben.

Blumauer — der nun in meinem Hause wohnt, obschon nicht in meinem Quartier — u. ich, sprechen oft des Tages von ihnen. Oft wünschen wir uns auf einige Tage Reinhold zu seyn, um des Umgangs mit Wielanden zu geniessen. Können Sie wohl glauben, dass wir gerade izt, wo Sie unsrer Unterstützung am meisten bedürfen, ihrer vergessen würden? Mag vielleicht seyn, dass der Brudernahme in den meisten ⌧ ein leeres Wort ist, bey uns soll er immer eine Aufforderung zu aller Thätigkeit für unsre Brüder und der goltendeste Anspruch auf unsre Hilfe seyn. Noch immer arbeiten wir nach unserm ersten Plane. Nach und nach schliesst sich immer ein geschickter junger Mann nach dem andern an unsern Kreis; Eintracht unter den helldenkenden Köpfen u. guten Schriftstellern Wiens ist noch immer unser Streben, und die Verbreitung der Aufklärung unsre Arbeit. Ihre Rede, die ich eben erhielt, soll in der nächsten ▭ vom Schitlersberg vorgelesen werden. — — Den lezten Brief von Blumauer mit 25 fl. Banco Zeteln werden Sie wohl erhalten haben? Sollten die Banco Zetel in Weimar nicht angenommen werden, so lassen Sie mich es wissen, um Ihnen künftig andre Anweisungen zu senden.

Arbeiten Sie immer für unser Journal; 8 fl. für den Bogen ist mehr als Sie von einem Buchhändler erhalten können; Mandelsloh bringt Ihnen die phoenicischen Misterien zur Umarbeitung. — — Nüzen Sie die Gelegenheit, bey Wielanden zu lernen; die Musse die Sie izt haben, u. sein Umgang wird Ihnen in Zukunft vortreflich zu Statten kommen. Halten Sie sich an Mandelsloh. Er ist ein überaus gutartiger u. sehr unterrichteter junger Mann, der von Weimar aus nach verschiednen fremden

Höfen reiset. Vielleicht gelingt es Ihnen in seiner Gesellschaft zu reisen. Ich umarme Sie vom ganzen Herzen u. bin von ganzer Seele

Ihr Born.

3. v. Born an Reinhold
den 3. December 1789.

Verehrtester Freund!

Recht sehr ward ich durch die Zueignungsschrift, die ich an der Spitze ihres Werkes von dem Vorstellungsvermögen fand, überrascht.[1]) Ich finde mich da in Gesellschaft von zwey der grösten Männer Deutschlands, u. hätte wohl nie geträumt, dass mir die Ehre zukommen sollte, mit diesen Männern, wenigstens auch nur dem Nahmen nach, zur Unsterblichkeit zu gelangen. Ich bin Ihnen diesen Vorzug schuldig liebster Reinhold, u. danke Ihnen mit aller der Wärme von Freundschaft, die ich von jeher für Sie fühlte, dafür. An ihrem Ruhm, der durch ganz Deutschland erschallet u. sogar nach Wien, wo man so wenig literarischen Ruhm kennet, drang, nehme ich den lebhaftesten Antheil, noch mehr aber an dem Einfluss den dieser auf ihre äussere Glüksumstände hat. — — — Geniessen Sie Ihres häusslichen Glükes; es ist das einzige wahre Glük; alles übrige nüzt nichts. — —

Schreiben Sie mir öfters lieber Reinhold! Ihre Briefe haben so viel tröstendes für mich. Küssen Sie ihre lieben Kinder in meinem Nahmen u. versichern Sie ihre Sophie meiner Verehrung. Empfehlen Sie mich Ihrem vortreflichen Schwiegervater, der der einzige Mann in Deutschland ist, den ich persönlich zu kennen wünschte.

Lieben Sie

D. 3. Xbr. 789. Ihren Born.

---

[1]) Ueber die Dedikation des „Versuchs einer neuen Theorie des menschlichen Vorstellungsvermögens" vergl. die Einleitung.

II. JOHANN BAPTIST von ALXINGER.

1. Alxinger an Reinhold.[1]
(1785.)

Mit Schamröthe deckte sich mein Gesicht, als ich Dein liebes Briefchen erhielt; und dennoch bin ich ganz unschuldig. Urtheile selbst. Als ich ankam, meine Gedichte schon gedruckt wusste, und also nichts nöthiger vorhatte, als Packete zu machen, und das allererste an meinen ewig verehrten Wieland zu schicken, bekomme ich eine Post vom Freyh. v. Swieten. Ich gehe hin, und erfahre, dass meine Gedichte verbothen werden müssten, wenn ich mich nicht entschliessen wollte Jene drey, die im Museum stehen, ausschneiden zu lassen, und andere hinein zu verfertigen. Mir war dieser Streich um so unvorgesehener, als diese Stücke im Museum schon censirt sind. Doch half nichts, ich sitze drey Wochen täglich 9 oder 10 Stunden darüber, und erst seit 2 Tagen bin ich fertig, nun gehts ans Corrigiren auch eine feine Arbeit! Trotz alle dem war es nicht Mangel an Zeit allein, das mich abhielt unserm grossen Freunde für all die Güte zu danken womit er mein Herz auf ewig an sich gefesselt hat; sondern Mangel an guter Laune. An jemand, den ich so herzlich liebe, so innig verehre, wie Wieland, schreibe ich nicht gerne, ohne dass meine Seele ihr Galakleid an hat. Ich geniesse die Freude, die ich auch bey einer schriftlichen Unterredung habe, gerne unverbittert; und das kann ich nicht, wenn mich mitten im Brief so ein hunds-

---

[1] Ohne Datum, jedenfalls aber aus den ersten Monaten des Jahres 1785, denn auch an Nicolai meldet Alxinger die Geschichte von v. Swieten in einem undatirten Briefe, welchen Nicolai am 10. Febr. 1785 empfing.

föttischer Buchdruckerjunge beym Ohre zupft; A propos die ausgeschnittenen Gedichte lass' ich besonders drucken und lege sie allen Exemplaren bey, die ich in heterodoxe Lande schicke.

— —   .   Dein redlicher Br. Alxinger.

Sage doch meinem Wieland, dass niemand auf der Welt ihn mehr ehret und liebet als ich; sage ihm, dass ich mit seiner Freundschaft mehr stolz thue, als mit allem was ich weiss und vermag, wissen und vermögen werde; sage ihm, dass diese erobert zu haben mir täglich mehr als einmal ein lebhaftes Vergnügen gewähret, das sich nur mit meinem Leben verlieren kann. — — —

2. Alxinger an Reinhold und dessen Gattin Sophie.[1]
(1785.)

Liebster Bruder! Der liebenswürdige Sekretarius unsers Blumauers Fräulein Mimi[2]) hat mir Deinen Brief mitgetheilt. — An Deiner Glückseligkeit[3]) weiden wir uns alle. Du bist deren durch Dein Herz so werth, und musst sie nach den mancherley Unfällen doppelt fühlen. Warum kann ich doch nicht bey Euch seyn, und solch eine Wonne wenigstens in meinen Freunden geniessen! Ich wollte stundenlang euren Küssen zusehen, eure Kindchen (denn daran wirds nicht fehlen) auf meinem Schoosse wiegen, und den Bübchen, sobald sie auf den Tisch sehen könnten, das Evangelium secundum Homerum explizieren. Doch lieber Reinhold! Da das mit Deinen Kindern nicht angeht, so wird es doch vielleicht andere Kinder geben, die mir auch werth sind, und mit denen es angehen wird; mit diesen Kindern, obgleich noch ziemlich weit zu ihrer Existenz hin ist, will ich zu meinem Wieland und zu Euch wallfahrten, ihr guten Geschöpfe! um uns da wechselweise unserer Güte zu freuen.

Du siehst, dass, obgleich kein junger Ehemann, ich doch radotiren könne, wofür ich dem lieben Gott herzlich danke.

---
[1]) Ohne Datum, dem Inhalt nach aus dem Jahre 1785.
[2]) Marie Born in Wien.
[3]) Die Vermählung Reinhold's mit Sophie Wieland war am 18. Mai 1785 erfolgt.

Dulce est desipere in loco. Ich gebe die Feder nun in eine schöne Hand; doch das Herz das diktirt ist noch schöner. Da meine liebe Mimi!

—¹) — — — — — — — — — — —

  Und nun, meine theuerste Schwester! noch einmal meinen herzlichen Wunsch zu Ihrer Vermählung! und damit Sie das liebenswürdige Mädchen, die ihre Wünsche mit den meinigen vereinigte, einigerweise kennen lernen, so lege ich ihren Schattenriss bey, so gut ich ihn finden konnte, und verspreche Ihnen für einen besseren zu sorgen. Wenn ausser Ihrem Karl noch Jemand in Ihrem Herzen Platz hat, so gönnen Sie ein kleines Plätzchen darinn

Ihrem ehrlichen
Alxinger.

 Meinen Handkuss Ihrer Mama und Grossmama und hundert Küsse dem kleinen Gesindel.

---

3. Alxinger an Reinhold.²)
(1785.)

 Roth, liebster Bruder! roth bis an die Ohren halb vor Vergnügen, halb vor Scham bin ich geworden, als ich Deine Anzeige meiner Gedichte³) las; sie ist wirklich partheyisch aber dennoch hat sie mir so wohl so wohl gethan. Ich wills machen wie die Fürsten es machen — sollten. Ich will Lob für Ermunterung, künftig noch braver zu seyn, aufnehmen und Dir für die angenehme Stunde, die Du mir machtest, einen der besten Küsse bewahren, die die Freundschaft küssen kann. — — —

Alxinger.

---

  ¹) Folgen herzliche Zeilen von Marie Born. (Darin: „Blumauer ist mit meinem Vater in Salzburg — ich schicke ihm aber all Ihre Briefe richtig, und weiss ihn durch diese Genauigkeit sehr zu verbinden. — Sein Schattenriss folgt hier, den ich aber nicht getroffen finde.")
  ²) Ohne Datum, jedenfalls aber aus dem Jahre 1785.
  ³) Die geistvolle und überaus günstige Rezension von J. B. Alxinger's sämmtlichen poetischen Schriften im Anzeiger des Teutschen Merkur Juli 1785.

4. Alxinger an Reinhold.¹)
(1785.)

Liebster Bruder! Sag' es nur heraus, dass ich ein lüderlicher Hund bin, da ich so wenig politisch eclesiastische Nachrichten gesammelt habe. Allein Audiatur et altera pars. ich habe nicht nur allein für den Merkur gearbeitet wie die voluminöse Beylage bezeuget, sondern Dein Fluch im Schweiss meines Angesichts sollte ich meine Maurerarbeit verrichten, ist leider schon in Erfüllung gegangen; Eintrittverse, eine 4 Bogen lange Rede, eine Cantate, Gesundheiten die Hülle und Fülle etc. etc. was sagst Du dazu? Ich glaube, Du könntest immer Dein Absolvo te aussprechen, wenn Du es nicht etwa schon vergessen hast. Indessen weil doch wenig besser als gar nichts ist, so wisse, dass des Kaisers Majestät allergnädigst angeordnet oder verstattet habe,*) dass in Böhmen Controverspredigen Da capo gehalten werden. Doch hat sich dieses Vorzugs nur die herrschende Religion (ein würdiger Pendant zu der alleinseligmachenden) zu erfreuen. Die Folgen davon magst Du selbst kalkuliren: und ob Duldung und häusliche Glückseligkeit zwischen Eheleuten verschiedener Religionen dabey bestehen könne. Das heisst recht dem Pfaffen das Messer in die Hand geben; und sagen da schneide an der unglücklichen Menschheit im Namen des Vaters, des Sohns und des hl. Geistes, und des Kaisers. Ich sage Dir wenn der der systematisch fehlet ein geringerer Narr ist, als einer der heute so und morgen anders handelt: so stehen wir Weiss Gott! selbst unter den Spaniern und Portugesen. Horum Simplicitas miserabilis, his furor ipse Dat veniam.

Dass Du mein Ehstandscollegium wenigstens zum Theil goutirt hast, freut mich sehr. Es mag seyn, dass ich die Saiten ein wenig zu hoch gespannt habe. Aber welcher kluge Kaufmann überbiethet nicht die Waare, wenn er weiss, dass der Kauflustige

---

*) Es ist zwar das Wort Controverspredig vermieden, doch aber den Predigern eingestanden worden, zu lehren, dass unsere Religion alleine seligmachend sey, und ausser ihr kein wahres Priesterthum und keine wahre Lehre. (Anm. Alxinger's.)

¹) Ohne Datum; vermuthlich aus dem Jahre 1785. So schrieb Alxinger am 22. October 1785 auch an Nicolai nach Berlin: „Blumauers Krankheit wälzte auch einige ☐-Arbeiten auf mich."

gerne herunterhandelt. Ob ich aber in Sachen Hymens und Consorten ein partheyischer Richter bin, darüber berufe ich mich auf beyliegende Epistel.

A propos dass meine Gedichte unserem grossen Freunde[1]) und Dir, und meiner Sophie und Bertuchen gefallen[2]), freut mich über allen Ausdruck. Was sagst Du denn zu dem Gedichte nach Swift die Schöne wie sie zu Bette geht.[3]) Vielen meiner Freunde schien es anstössig, weil Ekel erwecken nie ein Gegenstand der schönen Wissenschaften seyn darf. Ich wusste das wohl, aber ich sehe auch wie unsinnig unsre jungen Leute herumlaufen ...., und kenne für diese Unbesonnenheit, die ihnen oft Leben und Gesundheit kostet, kein wirksameres Mittel, als Ekel. Denn dieser durch eine solche Lektüre gewecket drängt sich auf selbst bey jenen, die aller Pflichten der Selbsterhaltung vergessen haben. Die Gesundheit oder das Leben Eines Menschen gerettet zu haben, ja die blosse Möglichkeit das zu können, verdient wohl, däucht mich, einen ästhetischen Fehler zu machen.

Was Du von unserer ☐ sagst, sie sey ohne Born[4]) ein Körper ohne Seele, ist eine ewige Wahrheit, so wahr, als dass ich, wär Er nicht M. v. St.[5]) niemals zu dieser ☐ getreten wäre, so wahr, als dass ich wenn er es heute aufhört zu seyn, morgen decke; so war, als dass ich Dich ewig liebe.

Alxinger.

5. Alxinger an Reinhold
den 3. Januar 1786.

Den 3 Jäner 786.

Liebster Bruder! Du hättest nicht nöthig gehabt mich durch die Versicherung wie theuer Dir meine Briefe sind, zu bestechen.

---

¹) Wieland.
²) Vgl. die Reinhold'sche Rezension derselben im Teutschen Merkur Juli 1785.
³) Vgl. Alxinger's sämmtliche poetische Schriften, Leipzig 1784 S. 149 flg.: „Die Schöne wie sie zu Bette geht. Nach Swift."
⁴) Aehnlich schreibt Alxinger am 22. October 1785 an Nicolai: so lang Born Sekretair und Souffleur des Landes-Grossmeisters (Fürst Dietrichstein) sei, sei nichts für die Landes☐ zu fürchten.
⁵) Meister vom Stuhl.

Ich schreibe Dir gewiss mit eben so viel Vergnügen, als Du liesest. Wenn wir nur allezeit könnten, wie wir wollen. Du kannst Dirs gar nicht vorstellen wie viel ich zu thun habe. Höre einmal meine Tagesordnung und dann wundre dich über meine Genauigkeit im Antworten. Um acht Uhr stehe ich auf, fliege zu meinem Schreibtische, und arbeite — das Wort im eigentlichen Verstande genommen — an meinem Doolin[1]) bis 1 Uhr oder halb 2 Uhr. Hab ich in diesen fünf Stunden drey oder vier Strophen zur Welt gebracht, so stoss ich mit dem Scheitel an die Sterne. — — Und so vergehet denn ein Tag nach dem anderen und keiner sine linea. Daher kommt es, dass ich, ob mich gleich befleisse lieber viel als vieles zu arbeiten, doch mit meinem Doolin ziemlich vorgerückt bin. Gott gebe, dass mein Körper diese Beharrlichkeit vertrage, von meinem Geiste — oder wie das Ding heisst — zweifle ich nicht. — — —

Deine Herzenserleichterung[2]) für die Born eine Tonne Golds zahlen müsste hab' ich von ihm geborgt, und schon zur Helfte gelesen. Sie ist Deines Kopfs und Deines Herzens würdig und voll scharfsinniger Bemerkungen. Einige Stellen sind mir nicht ganz klar weil sie sich auf Lavaters Buch beziehen, das ich nicht gelesen habe, und nicht lesen werde. Er ist kein placide delirans mehr, sondern ein wahrer Furiosus. Ich habe den Teufel von seiner guten Meinung, wenn er damit mehr Böses stiftet, als ein anderer durch Bosheit; auch Deine Feldzüge wider die Rosenkreuzer haben meinen ganzen Beyfall; nur bitt' ich Dich eben ihretwillen Dich nie laut zu diesem Büchelchen zu bekennen. Ihr Einfluss ist grösser als man denkt, und ihre Rachgier ohne Gränzen. Das Einzige was mir — weil doch die Freundschaft freymüthig seyn darf, seyn muss — an Deinem Buche anstössig ist, ist der über alle Mass französirende Styl. Nicht doch lieber Bruder! Hänge nicht der Faulheit nach; denn, ich rede aus eigener Erfahrung, Faulheit ist es sehr oft die uns das sich selbst anbiethende französische Wort gebrauchen, und das etwas ent-

---

[1]) „Doolin von Mainz", ein Rittergedicht, in zehn Gesängen, von Johann von Alxinger. (Leipzig 1787.)

[2]) Die von Reinhold anonym herausgegebene Herzenserleichterung zweier Menschenfreunde in vertraulichen Briefen über Lavater's Glaubensbekenntniss; vgl. die Einleitung.

ferntere deutsche vernachlässigen macht. Was wäre aus unserer Muttersprache, die ich hohl mich der Teufel! nicht um zwey lebende Sprachen vertauschen wollte, geworden, wenn unsere Väter so sorglos gewesen wären. Ich müsste eine Abhandlung schreiben, wenn ich alles was itzt durch meine Seele fährt, zergliedern und in Ordnung setzen sollte. Indessen nur so viel. Ich, der selbst nicht wenig an dieser Krankheit leide, habe den ernsten Vorsatz gemacht mich zu bessern, und diesen Vorsatz bey dem Schatten Lessings beschworen. Geh hin und thue dessgleichen.

Die Herrn Illuminaten hätten ihre eigene Lehre: besser mit sicheren Schritten Jahrhunderte lang gearbeitet, als durch Einen Fehltritt die Arbeiten von Jahrtausenden zerstöret, fein hübsch in Ausübung bringen sollen. Soviel indessen über diese Materie. — — —

Alxinger.

6. Alxinger an Reinhold.[1])
(1786.)

Liebster Bruder!

— — — Dein Packet hab' ich zwar nicht an Blumauer, denn der war auf dem Lande, sondern an Born abgegeben; ich freue mich auf die paar vergnügten Stunden, die es mir machen wird; denn noch hab ich es nicht lesen können. Wenn ich mit meinem Doolinpolieren nicht bald fertig werde, so dürfte ich mit Rechte als ein Ignorant alles dessen was nach den Zeiten Karls des Grossen geschieht, von Freunden und Feinden ausgescholten werden. Nicht einmal die Horazischen Satyren hab' ich geendigt: denn wenn ich von dem verdammten Abschreiben und Corrigiren (denn noch itzt geht es nicht leer ab) wegkomme, so bin ich so verstimmt, dass ich gar kein zusammenhangendes Wort reden schreiben oder lesen kann.

Hrn. von der Null, der eigens nach Weimar geht um Wieland zu sehen, empfehle ich Dir bestens, ich habe ihm Briefe an

---

[1]) Ohne Datum, nach dem Inhalt und der Nachschrift (vgl. die Einleitung) aus dem Jahre 1786.

Wieland und Dich mitgegeben. Nächstens ein Mehreres. Itzt nur diesen herzlichen Bruderkuss von Deinem
verstimmten B.
Alxinger.
Der angehenden kleinen Mama tausend Küsse.

---

7. Alxinger an Reinhold
den 23. October 1786.

Wien den 23. October 786.

Ich kann Dir nicht sagen, liebster Bruder, wie sehr ich Deinen Tod bedaure, denn dieses ist doch wahrscheinlicher, oder komt mir so vor, als dass Du Deinen ehrlichen Alxinger ganz und gar vergessen haben solltest. Im Ernste Dein Stillschweigen beunruhigt mich. — Ich werde meinen Doolin in wenig Tagen geharnischt und gestiefelt nach Leipzig schicken, und dann will ich ernstlich an die versprochene Hekuba[1]) denken. — —

Ewig Dein
Alxinger.

VersichereWielanden meinerVerehrung, und erbitte meinem Doolin ritterliche Herberge in seinem Hause. —

---

8. Alxinger an Reinhold
den 20. November 1786.

Den 20 Nov. 786.

Heil Dir liebster bester Bruder, Heil Deinem zweyten ich und dem von euch ausgegangenen weiblichen heiligen Geist.[2]) Ich segne ihn mit diesem Wunsche den ich zu seinem und der Welt Besten thue: Sey Deinen Aeltern und Grossältern gleich. Gern wollte ich
teque tuosque amores
Ad coelum lepido vocare versu,
und der Neugebohrnen ein Wiegenliedchen vorleyern; aber wenn ich auch sonst mit der tändelnden Muse gut gestanden wäre,

---
[1]) Die von Alxinger für den „teutschen Merkur" versprochne und (s. u.) später gelieferte Uebersetzung der „Hekabe" von Euripides.
[2]) Im October 1786 ward Reinhold's erstes Kind Karoline geboren.

so sind doch diese Zeiten vorbey, besonders itzt, wo ich so fleissig arbeite mich meines Dir gegebenen Wortes zu entledigen. Mit dem nächsten Journal erhältst Du Hekaben wenn nicht ganz doch gröstentheils, ich wählte diese vor der Alkestis, oder Andromache, oder Iphigeneia, weil Hekabe als ein altes Weib die Eifersucht Deiner Sophie nicht reitzen wird. Die Uebersetzung ist wenigstens so gut, dass man zufrieden seyn kann und wird fast ein ganzes Stück füllen.

Meinen Doolin wirst Du villeicht eher aber gewiss eben so geschwind als ich selber erhalten. Sieh zu, dass Deine gespannte Erwartung nicht reisse. An Fleiss hat es freylich nicht gefehlt, und mein Wieland dessen Beyfall mir mehr als des halben Deutschlands gilt, wird mit meiner Beharrlichkeit und Feilung zufrieden seyn. Ich habe einmahl unmittelbar und einmahl mittelst seiner Gedichte Meldung von ihm gethan; das erstemahl heisse ich ihn einen Pinsel ja ja einen Pinsel und behaupte, dass er nie feiner gelobt worden ist; ich will Deine Neugier befriedigen und die Stelle herschreiben, da sie kurz ist. Es heisst von der Liebe

> Ach! ohne dich, der Menschheit grössten Schmuck,
> Wär' unsre Welt nur eine Narreninsel,
> Ein Sudler wäre Mengs, ein Stümper wäre Gluck,
> Ovid ein Geck und Wieland selbst ein Pinsel.[1]

Auch habe ich es nicht verschwiegen, dass ich dasjenige, was vielleicht im ganzen Plane das Vorzüglichste ist, die genaue Verbindung der Episode mit der Hauptgeschichte ihm abgelernet habe.

Ich hoffe doch nicht, dass Wieland, der Kaunitzischen Sache[2] wegen, auf mich zürnt. Das wäre mir eine zu schmerzhafte Ur-

---

[1] Vgl. Doolin von Maynz, ein Rittergedicht, Leipzig 1787, S. 182, 6. Ges., Strophe 3, wo aber die zweite Zeile lautet: „Wär' unser Erdenball nur eine Narreninsel."

[2] Bezieht sich auf den ungenügenden Dank des Fürsten v. Kaunitz für Wieland's Widmung seiner Uebersetzung der Horazischen Satiren. Vgl. den Brief Leon's an Reinhold vom 2. December 1786. Auch Bretschneider schrieb hierüber am 4. April 1787 an Nicolai: „Der Fürst Kaunitz hat Wielanden für seine Zuschrift der Satyren des Horaz eine Dose geschickt. Der Autor war voll Erwartung, weil er vorläufig davon durch Alxinger, der sie aber nicht gesehen hatte, verständigt war." Die Dose erfüllte die Erwartungen nicht, wesshalb Bretschneider hinzufügt: „Wieland's Aeusserungen darüber habe ich in Wien gelesen."

sache seines Stillschweigens, denn wenn ihm sein Lukianos alle Zeit raubt, er aber mich dennoch wie vorher liebt, so will ich mich herzlich gerne bescheiden. Ein Freund wie Wieland gehört dem Vaterlande und dem Ruhme mehr als zu seinen Freunden; ich selbst.
Si parva licet componere magnis,
muss oft an meine Freunde nur Handbillets erlassen, woran freylich auch meine elenden Augen mit unter Schuld sind. So gehts! und ich kann nicht einmahl klagen. Anchises, der nur mit Einer Göttinn, Cytheren, zu thun hatte wurde blind, wie kann ich also mich wundern wenn ich blos schwache Augen habe, ich der noch die Pallas oben drein auf mich genommen habe. — — A propos des Blumauer. Unser Almanach[1]) ist sehr schlecht gerathen, das möchte hingehen! sind doch die andern, wie ich höre, auch nicht besser. Aber dass Blumauer (denn Ratschky hat keinen Theil daran, und wird ihn künftighin auch nicht mehr mit herausgeben, da er als Gubernialsekretär nach Linz gehet) dass Blumauer so eine ärgerliche zu nichts dienende Schweinerey als die Stimme der Natur ist, aufnahm, ärgert mich nicht wenig. Wie sehr muss man doch mit den Grazien verfeindet seyn, um so Etwas zu thun! — — —

Ewig Dein Alxinger.

Noch Etwas. Haschka giebt Gedichte heraus und zwar Elegieen und Hendekasyllaben. Einige sind vortrefflich gerathen, und es hat ihm gelungen, über seine Dunkelheit Herr zu werden, die oft den Genuss seiner nicht gemeinen Schönheiten verderbt, Dank für dieses Urtheil, das einmahl von ihm im Merkur stand,[2]) und das vermuthlich Du gefällt hast, Dank dafür! es war aus meinem Herzen geschrieben und hat, die Erfahrung wirds zeugen, hat wirklich gefruchtet.

Sichere Wielanden meine ewige Verehrung zu.

---

[1]) Der Wiener Musen-Almanach von 1787, wo S. 99 flg. „Die Stimme der Natur" sich findet; vergl. auch Leon's Brief vom 6. April 1787.

[2]) Rezension des Wiener Musenalmanachs auf das Jahr 1786, im Anzeiger des Teutschen Merkur, März 1786.

9. Alxinger an Reinhold
den 30. März 1787.

Liebster Bruder!   Den 30. März 787.

— — — Dass Du nach Jena kommst, freuet mich Deiner und der Philosophie wegen, denn ich bin versichert, Du wirst ihr und sie Dir Ehre machen. Ich habe Dir Verse darüber zugedacht, auch sollst Du sie haben, aber das wann lässt sich schwer bestimmen. Ich habe alle Hände voll Arbeit. Ich denke vielleicht schon nächste Messe (Michaelis versteht sich) eine classische Aernde herauszugeben. Diese soll nichts als Uebersetzungen aus Griechen und Römern enthalten. — — Auch hätte ich die Hekabe[1]) zurück gehalten, wenn ich nicht gehofft hätte, euch ein angenehmes Geschenk damit zu machen. Es scheint, meine Hoffnung hat mich getäuscht. Wieland schrieb an Blumauer, der gewiss kein Gönner meiner Muse ist, er wollte Hekabe in Hekuba verwandeln, denn er hasse den Neologismus. Ich antwortete ihm sogleich und bath ihn entweder alle griechische Nahmen in lateinische zu verändern, oder diesen, sowie andere stehen zu lassen. Ich weiss nicht, ob er es thun wird,[2]) aber ich weiss, dass ich missmuthig bin, wenn ich sehe dass meine Aufsätze nach fremden Grundsätzen abgemessen werden; und aufrichtig zu gestehen habe ich noch keine Veränderung in meinen Gedichten gesehen die ich für eine Verbesserung halten könnte. Voss hat ein meiniges Gedicht aus dem Wien. Mus. All. in den seinen übertragen und recht zerschunden.[3]) Doch wenn mein Doolin erscheint, so hoffe ich, wird man sehen, dass ich selbst mündig

---

[1]) „Hekabe, ein Trauerspiel des Euripides, von J. v. Alxinger" erschien im Teutschen Merkur, April 1787.

[2]) Wieland übergab (Teutscher Merkur, April 1787, S. 59) „den Liebhabern diese Uebersetzung einer der schönsten Tragödien des beredten Euripides, wie er sie von seinem Freunde (v. Alxinger) erhalten habe, sogar ohne das ihm Missfällige in der Art, die griechischen Namen zu schreiben, abzuändern."

[3]) Alxinger's Gedicht „Glück und Unglück," nach dem Französischen, im Wiener Musenalmanach auf 1786, S. 125 flg. wurde von Voss mit mannigfachen, nicht durchweg glücklichen Veränderungen in den Hamburger Musenalmanach für 1787, S. 153 flg. aufgenommen.

bin, und Voss wird sich schämen, dass er den Verfasser des Doolin geschulmeistert hat. Ich denke was nicht offenbare Fehler sind, soll man stehen lassen. Es ist ein so erniedrigender Gedanke sich sein Thema wie ein Schulknabe corrigieren zu lassen; lieber nehme man es gar nicht an.

Für Deinen Wink Göthens und Herders wegen danke ich Dir wie ich soll; und ob ich Ihnen gleich mein Buch schicke, so ist er doch nicht verlohren gegangen, sondern hat einen grossen Einfluss auf die Briefe gehabt, mit denen ich es begleite; Du hast nicht nur auf meine grosse Verschwiegenheit, sondern auch auf meinen Dank und Gegenvertrauen zu rechnen; dass Du Ihnen schreiben oder gar Dich selbst hinbemühen sollst, war nie in meinem Plane. Das Paket mit den Exemplaren soll an Dich von Leipzig aus adressiret werden, da behältst Du ein Exemplar für Dich das andere für unsere Sophie zurück; das dritte bringst Du Wielanden das 4 Schulzen; das 5, 6, 7. schickst Du sammt den Briefen an die Hrn. Bertuch, Göthe, Herder. Willst Du Ihnen einen guten Morgen, Appetit, oder Abend dazu wünschen lassen, so kannst Du es thun, wo nicht, so ist es auch gut. Verzeihe mir dass ich Dir die Mühe mache, und schone mich bey Gelegenheit eben so wenig. — —

Weil ich heute schon im Schimpfen bin, so will ich auch mein Urtheil von den Stollbergischen Schauspielen[1]) herschreiben. Die Sprache ist schön und einige lyrische Stellen trefflich, aber das ganze gefällt mir nicht besonders in den 2 Stücken des G. Christian. Ich heisse ihn einen shakespeariesirten Sophocles. Z. B. Wer soll in Belsazar interessieren. Belsazar nicht, er ist ein Tyrann und noch dazu ein kleiner Tyrann; Cyrus und die seinigen nicht, denn sie laufen nicht Gefahr. Das auserwählte Canaillenvolk nicht, denn sie winseln ohne dass man Ihnen Etwas zu leide thut. — —

Ich habe Wielanden geschrieben, dass ich ganz in der lateinischen Poesie begraben bin, und es ist wahr. Ich übersetzte einmahl den Anfang des 4. Buches der Messiade, der das bekannte Gleichniss eines in der Schlacht sterbenden Gottesläugners ent-

---

[1]) Schauspiele der Brüder Christian und Friedrich Leopold Grafen zu Stolberg, 1. Theil Leipzig 1787, darin von Christian: Belsazar und Otanes.

hält; ich zeigte es Stollen, der ein grosser Lateiner ist; er bath mich dringend mehr zu schreiben,¹) und ich übersetzte gegen 200 Verse aus den Argonaut. des Apoll. Rhod. Ich denke diese als einen Anhang zu meiner classischen Aernde drucken zu lassen. Ich breche ab, um noch meiner Sophie ein Paar Worte schreiben zu können und bin

Ewig der Deinige
Alxinger.

10. Alxinger an Reinhold.²)
(1787.)

Liebster Bruder! Leon hat mir Dein sehr **freundschaftliches Urtheil**³) lesen lassen. Ich fürchte, dass mich daran nichts freuen darf, als Deine Vorliebe für alles was von mir kommt; denn es ist zu schmeichelhaft um **wahr zu seyn**; indessen freuet mich auch die unendlich; und ich küsse meinen **Freund Reinhold** dafür, ob ich gleich den **Kunstrichter Reinhold** einer grossen Partheylichkeit beschuldigen muss. Ich hoffe es ist alles angekommen, und Du hast jedes Buch an Behörde übergeben. Sage meiner Sophie sie soll mir ein **Urtheil** schreiben; ich achte auf das Urtheil eines vernünftigen Weibes in gewissen Puncten mehr als auf das Geschrey der Kunstrichter;

> Die Herren blendet oft ein allzugrosses Licht,
> Sie sehn den Wald vor lauter Bäumen nicht.

Will Sie **mich mit unter auch loben** desto besser; es thut mir gar wohl wenn Sie mich lobt.

Denis sagt man müsse seine Lieder hinter den Rücken werfen. Ich habe das gethan und seit ich meinen Doolin aus der Hand habe, das nun schon bey nahe drey viertel Jahr ist, arbeite ich an **Uebersetzungen.**

Ich habe die alten verbessert und neue gemacht. Sie werden samt den Gedichten ein Paar Bände abgeben, die vielleicht schon

---

¹) Die Alxinger'sche Probe einer lateinischen Uebersetzung des Messias in Hexametern s. in Eclogis recentiorum carminum latinorum, ed. a C. H. Mitscherling, Hannover 1793.
²) Ohne Datum, seinem Inhalt nach jedenfalls vom Jahre 1787.
³) Ueber das neu erschienene Rittergedicht „Doolin von Mainz".

nächste Messe erscheinen.¹) — — Sind die Uebersetzungen heraus, so feile ich meine Gedichte, die es, Gott weiss, recht sehr vonnöthen haben; und alsdann dürfte ich wohl ein Paar Jahre der lateinischen Muse schenken und einem Griechen vielleicht dem Apollonius Rhodius die Toga umhängen. Was sagst Du zu diesem Plan, den Stoll entworfen hat?

Empfiehl mich Deinen Wiener Gästen, wenn Sie noch zugegen sind auf das beste, und liebe

Deinen Alxinger.

11. Alxinger an Sophie Reinhold.²)

(1787.)

Meine geliebteste Sophie!

Sie haben, wie ich aus Reinholds Briefe sehe, mein Schreiben nicht erhalten, das voll des Dankes war, dass Sie meinen Doolin so aufgenommen haben, wie eine minnelige Dame einen mannhaften und adelichen Ritter aufnehmen soll. Freylich war ein wenig Partheylichkeit für mich dabey aber desto besser. Es ist ein so süsser Gedanke, dass meine Sophie partheyisch für mich ist!

Unterdessen Sie alle neun Monathe es sey nun Messe oder nicht, ein Werk ediren, worin sich der Geist und die Grazie der Verfasserinn höchst sichbar abbilden; sitzt Ihr guter Alxinger bey nahe Tag und Nacht am Studierpulte um doch auch etwas hervorzubringen, das lebe.

Küssen Sie ihre kleine Huldgöttinn die schon so gute und gelenke Füsse hat, als irgend ein Vers ihres unsterblichen Grosspapas, dreymahl in meinem Nahmen: und empfehlen Sie mich Herrn Prof. Schütze³) und NB. auch Madam Schütze recht sehr:

---

¹) Alxinger's sämmtliche poetische Schriften erschienen in neuer Ausgabe 1788, in 2 Theilen, mit vielen Uebersetzungen und Nachbildungen aus alten Klassikern etc.

²) Ohne Datum, jedenfalls aber aus demselben Jahre.

³) Christian Gottfried Schütz, Professor der Poesie und Beredsamkeit in Jena, der Begründer der „Allgemeinen Literaturzeitung."

denn ich weiss aus eigener Erfahrung wie wohl die Leute empfohlen sind die Sie empfehlen.

Ich küsse Sie mit dem heiligen Bruderkusse.

Ewig Ihr Alxinger.

12. Alxinger an Reinhold
den 27. Januar 1788.

Den 27. Januar 788.

Liebster Bruder! — — — Ich muss Dir doch meine Pläne mittheilen. Der 1. Theil meiner sämmtlichen Gedichte tanzt binnen acht Tagen in die Druckerey. Während der gedruckt wird, soll der zweyte fertig werden. Den Sommer über will ich in der Aesthetik einige Dinge nachhohlen und nebenher den Phädrus übersetzen, welche Arbeit ich als eine Erholung betrachte, da die Fabeln kurz sind, und ich nur mit dem Ausdruck zu ringen habe; auch fühle ich, dass ich einer Erhohlung bedarf indem ich seit zwey Jahren mich fast zu viel angestrengt habe. Den Winter über will ich meinen Doolin verbessern und besonders auf das im Mercur Gesagte[1]) und noch zu Sagende Rücksicht nehmen. Ich habe Wielanden dafür selbst gedankt und bitte Dich es noch einmahl zu thun. Auch Du liebster Bruder hast viele Küsse zu gut, dass Du mein Buch in Deinen Vorlesungen anrühmest, recht sehr viele Küsse, o dass ich sie bald anders als durch Briefe abtragen könnte!

Du weisst vermuthlich dass Weisse die Bibl. der schön. Künste und Wiss. dem Magister Dyk übergeben hat. Dieser fand es für nöthig sich an mir und meinem Doolin zu reiben, vermuthlich weil ich ihn in Leipzig nicht besucht habe. Der Teufel mag auch alle Magister Dyke besuchen! Er liess eine sehr einfältige und hämische Recension meines Buches in die Bibl. einrücken, und wer meinst Du hat sie gesudelt? ein Mensch der mir Briefe schreibt die von Freundschaft glühen, ein gewisser Schatz in

---
[1]) Die Recension des „Doolin von Mainz" im Anzeiger des Teutschen Merkur, August 1787, die mit warmem Lobe der Schönheiten des Gedichtes Tadel seiner Mängel feinsinnig verband.

Gotha.¹) Diese Niederträchtigkeit brachte mich auf, und ich schrieb eine Vertheidigung die nun eben unter der Presse ist, worin ich ihm so klar beweise, dass er ein Esel und ein Schurke ist, so klar, dass er es selbst wird glauben müssen. — — Ich habe zu Ende sein Urtheil mit dem des Mercur verglichen, wo sich denn findet, dass er gerade das Widerspiel von dem sagt, was Wieland.

Der Himmel segne Deine Professors und Ehestandsarbeiten, auch Deine und Wielands Bemühungen für den Mercur; dass ihr Schillern unter die Viros mercuriales aufgenommen habt, war ein sehr kluger Streich von euch und ihm: Ich schätze diesen Mann unendlich hoch: er könnte einem anderen die Hälfte seines Genies geben, und würde doch noch ein trefflicher Kopf seyn; zumahl wenn es ihm gefallen wollte ein bischen mehr nach dem griechischen Musentempel zu wallfahrten. Frage ihn doch gelegenheitlich, ob er ein Exemplar von meinem Doolin erhalten hat. Ich trug Göschen auf ihm eines samt meinem Grusse im Apoll zu übermachen.

Haschka liebe und schätze ich unendlich; er verdient es durch sein Herz seinen Geist und seine Gelehrsamkeit. Sein Aufruhrsgeschrey seinen Ausfall auf Nicolai etc. etc. missbillige ich und missrieth sie ihm im höchsten Grade wiewohl vergebens. Dass man ihn aber besonders in der Allg. Litt. Zeit. als einen Stümper behandelt, macht der Zeitung wenig Ehre.

Ewig Dein Alxinger.

13. Alxinger an Reinhold
den 4. Februar 1792.

Wien den 4. Hornung 792.

Mit einer wahrhaft brüderlichen Theilnahme höre ich Dich von allen Fremden, die aus Deiner Gegend kommen, als einen

---

¹) Alxinger schrieb an Nicolai am 20. Hornung 1788: „Wäre Ihr Brief und Wielands, der mir gleichfalls rieth, mich mit diesem Burschen nicht zu besudeln, ja mir sogar antrug in seinem Namen mich zu vertheidigen, früher eingetroffen, so hätte ich meine Vertheidigung gegen diese unflätige und hämische Person unterdrückt; so aber kamen sie post festum. Schatz ist mein Recensent. Das ist ausgemacht." (Vergl. Minor, Christian Felix Weisse, S. 341.)

Philosophen Stern der ersten Grösse rühmen. Fahre fort zu glänzen aber vernachlässige Deine Gesundheit nicht. Wenn Du übrigens glaubst, dass ich Deine Schriften gar nicht brauche oder goutire so thust Du mir Unrecht. Wenn ich gleich kein competenter Richter bin, so lese ich sie doch gern zu meiner Belehrung so viel es mit meinen andern Geschäften vereinbar ist. Auch von euern grossen Kämpfen und Deinen Siegen bin ich wenigstens einiger Weise unterrichtet.

> Quis Jenae nesciat urbem
> Virtutemque virosque aut tanti incendia belli?

So schmeichelhaft mir Dein Lob des Bliomberis¹) ist; so wenig bin ich mit Deinem Tadel zufrieden. Du hast viel zu wenig und nicht recht bestimmt getadelt und den einzigen bestimmten Tadel kann ich wohl schwer nützen, **Bliomberis sollte weniger physische und mehr moralische Abentheuer haben.** Unter moralisches Abentheuer verstehst Du wohl ein solches welches man mit der Seele bestehet. Nun hat er auch solche z. B. im 6. Ges. seinen Streit über den Werth der Weiber, im 8. sein Betragen als das Volk seinen Tod will, im 9. sein Urtheil in Sardinien, im 10. seine Einweisung und im 11. seine gelehrte Streitigkeit. — — Noch mehr von dieser Gattung hinzufügen kann ich nicht ohne den ganzen Plan umzustossen. — —

Alxinger.

14. Alxinger an Reinhold
den 6. Mai 1792.

Wien den 6. May 792.

Mein geliebter Freund!

Ich dachte nicht, dass euch mein Anti Hoffmann²) interessiren würde, sonst hätte ich Wielanden ein Exemplar geschickt. Hier machte besonders das erste Stück grosse Sensation. Denn Tags

---

¹) Bliomberis, das Rittergedicht Alxinger's in 12 Gesängen, war in Leipzig 1791 erschienen.
²) Ueber Alxinger's freisinnigen Kampf gegen Verdummung und Jesuitismus vgl. den Brief Leon's an Reinhold vom 7. Mai 1792.

zuvor, ehe es herauskam, wurde Huber, der Verfasser des Schlendrian, im Nahmen des Kaisers[1]) von der Audienz mit dem Bedeuten weggewiesen: der Kaiser spreche keinen gemietheten Pasquillanten, und das nur desshalb, weil er gegen Hoffmann geschrieben hatte, ob man gleich in der Folge die Thorheit fühlte und andere Ursachen hervorsuchte. Diese Nachricht breitete man noch am Abende sorgfältigst aus und setzte sie den andern Tag in die Bürgerchronik, eine tägliche Schmiererey, von Hoffmann herausgegeben. Man hoffte mich hierdurch abzuschrecken. Vestigia terrent. Ich gab aber mein Stück doch heraus und gewann den Beyfall aller meiner Mitbürger, einige Pfaffen und Spitzbuben abgerechnet. Im zweyten Stücke habe ich eine Wochenschrift angekündigt,[2]) die besonders für die Bedürfnisse meiner Vaterstadt soll eingerichtet werden. Ich verlange hierdurch nur zu nützen und thue auf allen Ruhm gerne Verzicht. Nisi utile est, quod quaerimus, stulta est gloria. In Kurzem wirst Du Leopolds Biographie von mir in der Deutschen Monathsschrift sehen. Ich hoffe dass Dir wenigstens die Freymüthigkeit daran gefallen wird.

Meine Hauptbeschäftigung ist die Verbesserungen im Doolin und Bliomberis zu Stande zu bringen. Den ersteren nehme ich jetzt das dreyzehnte Mahl vor. Wolltest Du nicht die Güte haben mir das, was Dir am letzteren missfallen hat, und die Ursache davon nur mit ein Paar Worten anzuzeigen? Doch wünschte ich Deinen Tadel auf Plan und Charactere eingeschränkt. Einzelne Ausdrücke zu rügen kann man einem so beschäftigten Gelehrten nicht zumuthen, auch finde ich sie wohl selber am Ende. Dieses Gedicht, welches, was es immer seyn mag, doch das Beste ist was ich geliefert habe, oder zu liefern im Stande bin, ist überall grob gemisshandelt worden. Man kann nichts bitterers lesen, als die Recension davon in der Bib. der sch. Wiss.[3])

---

[1]) Am 20. Februar 1790 war Kaiser Joseph II. gestorben, Leopold II. war ihm in der Kaiserwürde gefolgt.

[2]) In einem Briefe an Nicolai 17. Julius 1792 spricht Alxinger von einer „österr. Monatsschrift."

[3]) Die Bibliothek der schönen Wissenschaften. Band 45 S. 63—113. war es auch, welche die ungünstige Beurtheilung des Bliomberis (aus der Feder von Schatz) brachte.

und in den Götting. Anzeigen. Anstatt mein Aergerniss darüber laut werden zu lassen und die Recensenten zu widerlegen, was ich grossentheils mit Grund hätte thun können, stellte ich eine genaue Gewissenserforschung an. — — Meine Feinde hätten also das Ihrige gethan und zwar weit mehr als meine Freunde, welches mir lieb ist, denn die Feinde sind noch bessere Richter; und wenn gleich unsere Eigenliebe dabey leidet, so gewinnt doch unser Werk. Wie kommt es doch, dass Wieland meinen Numa[1]) so spät erhielt? Ich habe ausser der Versification nicht viel Verdienst dabey. Einige Scenen habe ich wahrscheinlicher gemacht und manche schwatzhafte Rede zusammen gedrängt.

Du verlangst mein Urtheil über Deine Aufsätze, die Dialogen und die Weltbürger. Sie werden gewiss trefflich seyn, da sie von Dir kommen. Es ist mir nur leid, dass ich Dein grosses Verdienst um die Kantische Philosophie nur in der Entfernung und als ein Unheiliger bewundern muss. Nimmermehr kann ich mich entschliessen euer System zu studieren! Ich habe niehmals einen grossen Hang zur Metaphysik gehabt und die Unwissenheit selbst eines Herder und anderer bey diesem Studium gross gewordener Männer die alle Kanten nicht verstehen sollen, scheuchte mich an der Schwelle zurück. Du magst mirs verzeyhen, wenn ich mich bey den schönen Wissenschaften nicht blos glücklicher fühle, sondern auch weit mehr innere Vortrefflichkeit ihnen zutraue, als der speculativen und spitzfindigen Philosophie. Kant erscheint und zermalmet Alles. Er beweiset nicht nur die Nichtigkeit so vieler Gründe, sondern sogar die Unmöglichkeit geltende zu finden. Er stürzt die Tempel ein, die Leibniz, Wolf und Mendelsohn sich für die Unsterblichkeit, wie man damahls wähnte erbauet haben. Homer hingegen blieb durch Jahrtausende gross; und wenn man an ihm, wie an der Sonne, Flecken entdeckt hat; so glänzet er doch nicht minder, als sie. Indessen bilde Dir nicht ein, dass ich dem grossen Geist dieser Männer und dem Deinigen, mein Freund, nicht alle Gerechtigkeit wiederfahren lasse. Es ist aber sehr verzeihlich, denke ich, dass mir eine Abhand-

---

[1]) Numa Pompilius, von Alxinger nach Florian (Leipzig und Klagenfurt 1792).

lung von Dir über die Schönheiten des Oberon¹) mehr Vergnügen gewähret, als eine über Raum und Zeit, obschon beyde Meisterstücke in ihrer Art seyn werden. Schmecke ich doch nicht gleiches Vergnügen bey den verschiedenen Arten der Poesie selbst. Wir haben nun eben keinen zahlreichen Nachwachs. Ausser Müllern dem Verfasser des Alonso und Schlegeln den Freund Bürgers weiss ich keinen, der uns zu grossen Hoffnungen berechtigte. Das goldne Zeitalter der Deutschen Dichtkunst scheint sein Ende zu erreichen.

Ich habe in einem Briefe an den Hrn. Redacteur der Litt. Zeit. angefragt, ob schon eine Recension der neuen Thalia vorhanden, oder dieses Geschäft jemanden aufgetragen sey. Man hat mir aber nicht geantwortet. Ich hätte sie gern gemacht und mein Urtheil über die Verdeutschung des Virgil gesagt. Schiller, wenn sie ja von ihm selbst ist, lässt sich das Stanzenmachen nicht sauer werden und schimpft dennoch über die wenige Harmonie der Deutschen Sprache.²) Wenn er den Idris und Oberon noch einmahl in dieser Rücksicht läse; so würde er sehen, dass er hierin ein blosser Anfänger ist. Ich verehre seine grossen Talente, wie ich soll. Aber man kann ein grosser Dichter und ein schlechter Versemacher seyn; wie das auch bey meinem geliebten Freunde Hrn. Nicolai zum Theil der Fall ist. So widerlich mir die poetische Prosa ist, so habe ich sie doch lieber, als lendenlahme Verse. Doch diese sind nicht die einzigen Fehler in Schillers Uebersetzung. Auch der Ausdruck ist oft matt, oft gemein, manchmahl undeutsch und hier und da ist der Sinn verfehlt. So heisst es gleich Anfangs: **Und schon umschattet uns die Nacht mit feuchtem Arme.**³) Jedermann muss meinen, das heisse: Und schon wird es Nacht. Schiller selbst wollte nichts anderes sagen, wohl aber Virgil. Et jam nox humida coelo Praecipitat, suadentque cadentia sidera somnos. Schon sinkt die feuchte

---

¹) Reinhold las in Jena im Jahre 1788 über Wieland's Gedicht Oberon unter allgemeinem Beifall der Studierenden.

²) Vgl. Neue Thalia 1. Band, 1. Stück, S. 4 flg. Vorbemerkung zur Uebersetzung des 2. Buchs der Aeneide.

³) Stanze 2, Vers 3: „Und uns umschattet schon die Nacht mit feuchtem Arme;" später änderte Schiller: „Und schon entflieht die feuchte Nacht."

Nacht von Himmel herunter, das ist sie endiget bald, wie die Cadentia sidera und alles vorher Gesagte deutlich zeigt. Der merklich geschwächten Stellen sind noch viel mehrere. Freylich giebt es auch einige sehr wohl geglückte, aber bey einem Schiller war das und noch mehr zu erwarten.

Noch viel missvergnügter bin ich mit den Vossischen Uebersetzungen. Schon seine Verdeutschung des Georgikon beurtheilte ich nicht so vortheilhaft, als Wieland und fand ein Deutsch-Latein darin, das mir höchst unangenehm auffiel. Einige Ausdrücke konnte ich mir gar nicht erklären; andere mit Vossens grossen Kenntnissen in den alten Sprachen auf keine Art zusammen reimen. — — —

Alxinger.

III. GOTTLIEB LEON.

1. Gottlieb Leon an Reinhold
den 21. Januar 1786.

Eben, Brüderchen, als ich meinen Brief vom 18. Januar schon vor ein Paar Tagen an Dich abgefertigt hatte, bringt mir Br. Pezzel die Nachricht, dass Alxinger schon vor einiger Zeit bereits durch Dr. Stoll den Auftrag erhalten hätte, Wielanden zu verständigen, dass Kaunitzen eine Dedikazion[1]) von Ihm nicht nur höchstgefällig, sondern auch überaus schmeichelhaft seyn würde. Da ich nun nicht weiss, ob Alxinger Deinem Schwiegervater diess schon berichtet habe, auch seinen Bericht in Etwas verzögern dürfte; Wielanden aber daran gelegen seyn mögte, diess je eher je lieber zu wissen: so flügelte ich mich eiligst, Dir diess sogleich kund zu thun. — —

Deine hebräischen Mysterien werden unsere durch die gegenwärtig vorgefallene Ordensrevolution bisher unterbrochenen Maurervorlesungen sowohl, als auch den 1sten Quartalgang des nun eingehenden Jahres unseres F. M. Journals, der längstens bis Ende Aprils erscheinen wird, eröffnen. Sie werden der tiefen und gründlichen Erudition wegen als einer der vortrefflichsten Beyträge die je zu unserm F. M. Journal erschienen sind, allenthalben sehr hoch angerühmt, u. ich erwarte deren Vorlesung selbst mit grosser Begierde. — —

Dein treuer Bruder

Wien den 21. Jan. 1786.
a. d. k. k. Hofbibl.
Gottlieb Leon.

---

[1]) Wieland's Dedikation seiner Uebersetzung der Horazischen Satiren an den Fürsten Kaunitz.

2. Leon an Reinhold
den 28. Februar 1786.

Den 28. Febr. 1786.

Ratschky[1]) umarmt Dich brüderlich, u. dankt dir auf das wärmste für die so grossmüthig abgelaufene Absolution seiner poetischen Sünden. Vorzüglich freut es ihn, dass Du die Karakteristik seiner Muse so ganz nach dem Leben getroffen. — —
Nach dem, was Du mir von Göthen geschrieben, muss ich recht sehr bedauern, dass man unsere allumfassenden Genies, um sie nämlich vortheilhaft zu beurtheilen, immer wie ein Perspektivgemälde betrachten muss, das mehr durch die Entfernung, als durch die Nähe unsers Anblicks gewinnt. Das, was mich aus Deiner Nachricht von ihm auf das unerwartetste überraschte, war, ihn, den Verf. von Werthers Leiden u. Götz von Berlichingen nun auch — Proh Sancte Jupiter!!! — als den Verf. einer Osteologie zu wissen. Dadurch seh' ich nun Shakespears treffliche Maxime beym Hamlet: „Es giebt im Himmel u. auf Erde Dinge, wovon sich unsere Philosophie nichts träumen lässt," in ihrer vollkommensten Wahrheit bestättiget. — Da die von Dir angeführten Männer mein Herz eben so sehr interessiren, so werden mir Deine Gemälde von ihnen gleich erwünscht u. willkommen sein. — — —

Gottlieb Leon.

---

[1]) Joseph Franz v. Ratschky (geb. 1757, † 1810), der Wiener Dichter, der seit dem Jahre 1777, später in Gemeinschaft mit Blumauer, den „Wiener Musenalmanach" herausgab. In Wien erschienen im Jahre 1785 die „Gedichte von Joseph Franz Ratschky", und Reinhold besprach sie (anonym) im Anzeiger des teutschen Merkur zum Decemberheft von 1785. Er bemerkte über sie: „Diese Dichtungen trügen bei übrigens unvermeidlicher Verschiedenheit ihres Werthes den Stempel des ächten Dichtergenies, die Hauptzüge des Charakters der Ratschky'schen Muse seien eine heitere, blühende, an lachenden Bildern reiche Phantasie und feiner schalkhafter Witz." Er lobte insbesondere auch die Maurerlieder mit ihrem philosophischen Ernst, ihrer Würde und Rührung und schloss seine Besprechung mit der bezeichnenden Aeusserung: „übrigens sind auch diese Gedichte voll merkwürdiger Spuren des regen Eifers, der rühmlichen Freimüthigkeit und besonders der seltenen Eintracht, womit gegenwärtig die besten Köpfe in Wien dem Aberglauben und der Schwärmerei entgegen arbeiten."

3. Leon an Reinhold
den 16. August 1786.

— — — Vom Illuminationswesen ist bey uns lange schon weder Rede noch Frage mehr. Der Orden hat bey uns aus Ursachen, die ich Dir — glaub' ich — schon bereits geschrieben habe, völlig aufgehört. Da sein Leben u. Weben — meines Wissens — nicht länger als 1 u. ³/₄ Jahr' in unserm gepressten so dumpfigen als sumpfigen Klima dauerte, u. ich erst in der letzten Zeit in denselben eintrat; so kannst Du Dir leicht vorbilden, dass ich von dem eigentlichen Zweck' und Triebwerke desselben nur die oberflächlichen Begriffe eines Neulings haben konnte. — Ganz seine innere Form u. dessen erhabenes Ziel durchzublicken, hinderte mich, wie gesagt, die zu schnelle Aufhebung desselben. Du müsstest mich also völlig wieder ins Geleis bringen, um mich der Fassungskraft jener Dinge fähig zu machen, die Du mir aus demselben darstellen willst, u. die ich natürlich als ein gegen Dich nur jüngerer Br. dieses Ordens nicht zu haben fähig bin. — — —

Die Innwohner des schönen Bienenkorbes, der vormals nicht nur in Wort allein, sondern auch wirklich in That unter dem Namen der **Wahren Eintracht** bestand, und ein ganz wohlbereitetes Honig hervorbrachte, nun aber durch die dazugekommenen faulen Hummeln unter dem Namen der **Wahrheit**, nichts anders als **Narrheit, Unverträglichkeit u. Zwietracht** ausheckte, werden nun bald ihren gänzlichen Ausflug in die ewige Freyheit beginnen. **Born** wird — dem noch allgeheimen Vernehmen nach — längst bis Neujahr, u. — wie natürlich! — auch all seine traute Mitgenossenschaft die **Loge decken.**[1] — — So geht denn nun das so schöne zur Aufnahme der Aufklärung u. Wissenschaften in unserm Bezirke errichtete Gebäude zu Trümmern, ohne eigentlich den wesentlichen Plan seiner Existenz ganz erreicht zu haben. — — —

---

[1] Unreine Elemente und Streitigkeiten drangen in den Wiener Freimaurerbund ein und führten seinen Niedergang herbei. Die Loge sank allmählig zu gegenseitiger Unterhaltungs- und Unterstützungssache herab. v. Born, das Haupt des Ganzen, trat im Jahre 1786 aus. Nach dem Tode Joseph's II., nach der Thronbesteigung Leopold's II. begann die Verfolgung des Freimaurerordens.

Auf Deine neueren Aufsätze im T. M., besonders auf Deine Briefe über Kants Kritik der reinen Vernunft bin ich äusserst begierig. Ueberhaupt wünsch' ich dem Publikum bey der neuen Entreprise des T. M. alles Glück, da Du nun mit Vater Wielanden seine Herausgabe gemeinschaftlich übernommen. Er wird nun wie ein neuer Phönix aus seiner Asch' auferstehen. Deine Einladung, auch einiges von meiner Seite für denselben beyzutragen, ist für mich besonders rühmlich u. schmeichelhaft, — Vor der Hand könnt' ich Dir freylich meine Uebersetzung des Devin du Village von J. J. Rousseau übersenden. Allein, da ich erst wissen mögte, ob diess Stück Arbeit anpassend für den T. M. seyn kann, so will ich lieber vorher Dein Iudicium abwarten. — — — Den Rezensionen, die von Dir in dem Anzeiger des T. M. vorkommen, roch ich Dich sogleich ab. Ich danke Dir vornämlich für die gütige Aufmerksamkeit auf meine Wenigkeit in der Rez. unseres vorjährigen Musenalm., womit Du mich nebst unserer andern hiesigen Musenheerde ganz säuberlich in unsern poetischen Nothstall noch zum Finale mit hineinschlüpfen liessest. An der ganzen Rezens.[1]) fand ich nichts als die Entstehungsepoche unserer innländischen Almanacherey unrichtig angezeigt, die Du auf das Jahr 1781. setztest, die sich aber schon vom Jahr 1777. herschreibt, allwo Ratschky u. Ich die Hauptkompilatoren des Wien. Musenalm. waren; u. wobey der T. M. schon von dem Almanache des darauffolgenden Jahres, nämlich 1778. im Juniustücke von eben diesem Jahre auf eine sehr gütige u. schmeichelhafte Art von uns urtheilte. Es ist wahr, die Sammlung unserer damaligen Produkte konnten in Rücksicht unserer dortigen poetischen Minorennität u. zu kleinen Musenjüngerschaft, nichts anderes, als einen sehr kleinen Korb von ziemlich einfärbigen und oft dazu noch unentfalteten Blümchen ausmachen. Nichtsdestoweniger verdiente doch der litterarische Patriotism, womit sich besonders Ratschky durch seine freymüthigen u. für diese Zeit gewiss sehr gewagten Kritiken für den guten Geschmack unserer Nationalbühne ver-

---

[1]) „Wiener Musenalmanach auf das Jahr 1786, herausgegeben von J. F. Ratschky und A. Blumauer," rezensirt im Anzeiger des Teutschen Merkur, März 1786.

wandte, u. wodurch er oft die schwersten Hindernisse u. Ungemächlichkeiten von Seite des berüchtigten und nie genug bezüchtigten Theatralausschusses zu überstehen hatte, — die häufigen Impertinenzen anderer litterarischen Neidhämmel noch ungerechnet — einige Betrachtung u. Rücksicht. All diese Fatalitäten nun zusammengenommen, glaub' ich, haben wir zu derselben Zeit wirklich das geleistet, was wir bey einer damals noch sehr eingeschränkten u. erzbigotten Censur, die unsere poetischen Charmanten uns nicht einmal im Geist zu küssen erlaubte, u. den Busen unserer Schönen so oft kontreband machte, nur immer leisten konnten. Diese Schwierigkeiten, Hindernisse u. Ungemächlichkeiten haben wir nun in der gegenwärtigen Zeit u. Lage der Umstände bey der Herausgabe unseres Musenkalenders freylich nicht zu bekämpfen, auch sind uns — schmeichl' ich mir — in der Poesie sowohl, als durch die Anzahl unserer Musenpriester — schon etwas mehr die Schwingen gewachsen, und so ergiebt sich von selbst die natürliche Folge, dass unsere jetzige poetischen Aerndten besser und reichhaltiger ausfallen konnten, zumal da die Sonne der Pressfreyheit nun auch beynahe den Sommermonden in unsern Staaten näher rückte.

Was die anderweitige Betriebsamkeit unserer innländischen Litteratur betrift; so herrscht in derselben nun eine kleine Pause. Selbst das fliegende Brochürenkorps hält nun mit seinen bey uns so häufigen Streifereyen einen kleinen Stillstand, vermuthlich nur so lange bis sich wieder ein neuer Vorfall bey uns ereignet, seine Tummelfertigkeit zu zeigen. Die Fr. Maurerey war lange der Gegenstand derselben; nun aber hat sie auch wieder Ruh' und Friede. Ausser den Wienerephemeriden, in welche Frhr. v. Gemmingen sein ins Stocken gerathenes Magazin in beliebten Grossquart verwandelte, haben wir hier kein einziges beträchtliches Journal. Doch auch der Inhalt von diesem sieht — so viel ich aus den drey bereits erschienenen Stücken ersah — ziemlich hager u. mager aus. Wie lange sichs etwa halten mögte, kann man von seinem Herausgeber schliessen. Schulz ist mit Anfange des künftigen Jahres gesinnt, die Herausgabe der Wienerrealzeit., mit der sich gegenwärtig Hegrad herumtummelt, über sich zu nehmen. — —

Herders u. der übrigen angezeigten litterarischen Meister ihre Schattenrisse, besonders den von Musäus u. Göthe erwart' ich mit tausendfachem Vergnügen u. Begierde. Schreibe mir doch, was es mit der Herausgabe der sämmtlichen Werke des Letzteren, wovon in der allg. Litteraturzeit. Meldung geschieht, für ein Bewandtniss habe.¹) — —

Indess muss ich Dir doch eine ganz spassige Anekdote in Ansehung der **Wielandischen Satyren des Horaz** erzählen, aus der Du ein ganz günstiges Vorurtheil für den kenntnissreichen Geist unserer hiesigen Leserinnen ziehen kannst. Als man einem hiesigen sehr litteratseynwollenden Frauenzimmer unter andern gelehrten Neuigkeiten auch diese berichtete: dass man nun **Wielands Horazische Satyren** allbereits erhalten habe, so warf es ganz naiv die komische Frage auf: **Ey! u. mit was füttern Sie sie denn?** Eine Frage, die mit zu denjenigen Fragen gehört, womit die schönen Abderitinnen den ehrlichen Demokritus so häufig zu belästigen pflegten.

Wegen meinem in unserm Journale an den Kaiser gerichteten Gedichte, hätt' ich — ich gesteh's aufrichtig — rechtschaffen von Dir durchgezaust zu werden verdient. Ich sang bloss auf Borns Verlangen, u. da ich diess Gedicht auf ein anderes Objekt bereits fertig hatte, so war mir's denn eben nicht mühsam, es durch einige Abänderungen auf diesen Gegenstand zu drehen. Als mein wahrer Freund solltest Du mir also recht derb den Kopf dafür gewaschen haben. Allein was soll, was kann ich nun thun. Das Ferkel ist s. v. einmal schon im Fliesspapier, u. — Littera scripta manet. Gott wahre mich nur in Zukunft vor ähnlichen Hirschauerstreichen. — — — **Junge, Junge! wenn ich Dich nicht so lieb hätte!** — sagt Bernardo einmal zum Erwin in Göthe's Erwin u. Elmire. — Siehst Du, u. das ist bey Dir gerade mein Fall. — — Ich verharre mit redlichem Herzen

Dein allzeit getreuer Bruder

Wien, am 16. August, 1786.
a. d. k. k. Hofbibl.   Gottlieb Leon.

---

¹) Die erste von Goethe besorgte Gesammtausgabe seiner Werke.

4. Leon an Reinhold
den 2. December 1786.

Wohl ist der Hirt geschlagen u. die Heerde¹) zerstreut. Wer aber derjenige seyn mag, von dem Dir Born schrieb, dass er unsern Bund verrathen hatte, von dem bin ich eben so sehr, als Schulz selbst der Br. Weiss nichts. — — — Ueber das porzellainene Geschenk Sr. Hochfürstl. Gnaden, des heil. Röm. Reichs Staatskanzlers Fürsten von Kaunitz-Ritberg für Wieland's vortreffliche Uebersetzung der Horazischen Satyren²) stunden mir die Haare hochborstig vor lauter Verwunderung auf. Anfangs schien mir die Sache fast unglaublich, bis die beygeschlossenen Zeilen, die ich durchaus wahrhaft fürstlich stilisirt erkannte, mich ungläubigen Thomas bekehrten. Da kannst Du nun endlich ad Hominem überzeugt seyn, dass das Gebäude österreichischer Kunst u. Wissenschaft auf einer ziemlich porzellainenen Unterstützung bey unsern Grossen überhaupt beruht, u. magst auch hieraus auf unsere Aufklärung, die nur der windige Zeitungsrumor so hoch hinauffaselt, den nämlichen Schluss machen. Der Gedanke Lessings, den er einmal gegen den Einsamling Zimmermann äusserte, da dieser einen grossen Fürsten aus einer Todeskrankheit wieder ganz lebenskräftig erstehen machte, u. ihm für sein gerettetes Fürstenleben eine goldene, übrigens aber nicht minder leere, Tabaksdose verehrt wurde, lässt sich gerade auch hier — und zwar mit gar nicht grosser Einschränkung — anwenden. „Das freut mich doch, lieber Zimmermann," sagte Lessing, als ihm jener sein prätioses Geschenk vorwies, „dass unsere Grossen doch wissen, was sie werth sind." Doch Satis von solchen fürstlichen Odiosis, um auf was Besseres zu kommen. — — Ich schliesse Dir soeben ein poetisches Produkt von unserm Dichter Haschka bey, das er mich schon lange durch Dich in den deutschen Götterbothen einrücken zu lassen ersuchte. — Auch unsere Dichterinn Gabr. v. Baumberg³) wird — ihrer Zusage nach — sich bestreben,

---
¹) Die Freimaurer.
²) Vgl. oben S. 45 den 8. Alxinger'schen Brief vom 20. November 1786.
³) An welche Blumauer begeisterte Verse gerichtet hatte.

einige für den T. M. würdige Schärflein auszuarbeiten, die Du dann sogleich durch mich erhalten sollst. Tausend u. abermal tausend Vergelts Gott für die übersandten Schattenrisse. Herders Charakteristik bitt' ich Dich recht inständigst, ja gewiss im künftigen Briefe folgen zu lassen. — —

Wien am 2. Christmonden, im Jahr 1786 a. d. k. k. Hofbibl.
Gottlieb Leon.

5. Leon an Reinhold
den 6. April 1787.

— — — Tausend Glück u. Heil u. vornämlich eine gesunde Lunge zu der nun erwartenden Professorwürde! Ich sehe Dich schon im Geiste als den ehrwürdigsten Magister seiner Sphäre auf Deine Zuhörer herabkanzeln. — Wär ich doch auch unter dem Häuflein dieser Glücklichen! — —

Vom diessjährigen Musenalmanache Wiens zu sprechen, so ist er eine wahre Fadaise. Ich sagte diess zwar Blumauern, meiner gewöhnlichen Offenherzigkeit gemäss, selbst, u. äusserte besonders über die zwey darinn enthaltenen Gedichte: den Damengeschmack u. die Stimme der Natur meinen aus einer besseren Erziehung u. Umgang hergebrachten Ekel u. Unwillen. Allein, da er sich unter uns bereits zum infallibeln poetischen Pontifex aufwarf: so wies er mich denn natürlich durch meine unterthänige Meinung mit seiner gewöhnlichen gar derben Portion poetischen Stolzes ab. Ueberhaupt seyd ihr Herrn Kritikakler, womit ihr in seinen Schriften das Ueble nie vom Guten in gehöriger Unpartheylichkeit, zu Blumauer's selbsteigenem Nutz' u. Frommen, sortirtet, sondern nur Lob über Lob auf ihn herausbausbacktet, allein an seiner poetischen Aufgeblasenheit Schuld, u. sein Dünkel marschirt bereits schon wie ein ärostatischer Luftballon über die Wolken hinweg. Diess ist auch die Ursache, dass er nun seinem Geschmack — wie ihr schon aus der neuen Ausgabe seiner Gedichte klar u. baar ersehen sollt — eine gar üble Richtung giebt. Denn ein in einem S. V. Nachtstuhl aufgetafelter Witz, — sey er auch übrigens noch so sinnreich — von dem, im figürlichen Verstande genommen, schon in seiner Aeneis sich eine ziemliche Dosis vorfindet, in seinen neuen Gedichten aber nun auch in Natura in diesem beliebten Service sich die Liebhaber bedienen lassen müssen — ist für mich immer ein ekles Gericht.[1]) Sollte mein barscher oberdeutscher Geschmack sich auch nicht in diesem Punkte mit dem niederdeutschen Geschmacke vereinigen, so freut es mich doch, dass ich hierinn mit dem zwar kleinen, aber doch geschmackvollen Häuflein unserer hiesigen Literariker zusammentreffe. Wenn ich auch durch derley Urtheile bey Dir u. selbst Wielanden mich eines litterarischen Ketzerthums schuldig machen dürfte, so halt' ich diess doch für ein viel kleineres Vergehn, als wenn ich meinem Herzen nur die geringste treulose Zurückhaltung gegen euch in was immer für einem Urtheile erlaubte. Diess Urtheil soll aber gleichwohl den sonst übrigen Verdiensten Blumauers nichts im geringsten benehmen, am wenigsten euch aber das süsse Vorgefühl verbittern, das euch schon vor seiner Ankunft im Herzen gährt. Auch sey es Dir blos sub Rosa, u. an der Bildsäule unsers bey solchen Expektorationen gegenseitigen Freundes Harpokrates anvertraut; denn unser Pontifex poeticus würde meinen Unglauben an ihn, wenn er ihn erfahren sollte, ebenso injuriös u. vindikativ aufnehmen, als olim der Pontifex Romanus den seiner untergebenen zwar christkatholisch-getauften, aber nachher ihm abtrünnig gewordenen Schäflein.

Die Fr. Maurerey betreffend, steht Dir zur Nachricht: dass unsere Brüderschaft nun so gut als eine Nulle ist. Sie soll es auch — wills Gott! — da sie ohnehin das, was sie war, nicht wieder werden kann — bleiben. — — Was die andere Schwesterloge, nämlich die stroh- — sprech ich — neugekrönte Hoffnung betrift, die weit mehr u. eher, als die unsrige, zum Jedermannsliebchen geworden, so erneuert sie nun wieder den alten Aufnahmsunfug.

— — — Und nun, Ade, Brüderchen! Aus 9. Uhr Morgens, seit ich hier allein in meinen Officiis sitze, ist nun bereits halb 4. Uhr geworden; u. die Lamentationes Jeremiae, die in der gegenwärtigen Charwoche abgesungen werden, u. den vormals so an-

---

[1]) Gemeint ist die „Ode an den Leibstuhl," vgl. Blumauer's sämmtliche Werke, Wien 1809, Band V, S. 170 flg.

genehm feyerlichen kindlichen Ostergenuss in meinen Geist u. in mein Herz zurückzaubern, ziehen mich unwiderstehlich in die Kirche zum Heil. Michael, die Dir freylich bei weitem keine so angenehmen Empfindungen, als mir, vergegenwärtigen kann. Leb also wohl. — —

Dein redlicher Bruder

Charfreytags, d. 6. April, im Jahr 1787,
    a. d. k. k. Hofbibl. in Wien.   Gottlieb Leon.

6. Leon an Reinhold.[1]
(1787.)

Herzlichen Antheil, einziger liebster Reinhold, über Deine endlich erhaltene Professorwürde in Jena! Der Geist meines Segens u. meiner innigsten Herzenswünsche soll Dich dahin begleiten! O dass doch der Gehalt noch zehnmahl grösser wäre, als er in der That für Dich ausfallen dürfte! Ich weiss, Du verdienst denselben Deines kenntnissreichen Geistes u. trefflichen Herzens wegen nur zu sehr. Niemand kann dessen mehr überzeugt seyn, u. Dich darob höher schätzen u. lieben als ich, u. noch einige wenige Edle Wiens, worunter besonders Born ist, von dem ich Dir, da ich ihn noch immer als meinen innigsten Herzensfreund fleissig — ja vielleicht nun noch fleissiger als jemals — besuche, auch seinen warmen Antheil über Deine erhaltene Anstellung zu überbringen habe.

Hast Du übrigens, Brüderchen, die ziemlich dicken Originalschriften des Illuminatenordens etc., welche auf des Churfürsten von Bayern Befehl u. höchsteigener Veranstaltung in zweyen Buchhandlungen zu München gedruckt, erschienen, schon zu Gesichte bekommen? Hier machen sie ausserordentlich viel Sensation, und ich habe sie eben unter meiner Lektüre. Nach den darinn enthaltenen Aufsätzen kann ich mir unmöglich beykommen lassen, dass man mit diesem Institute in Bayern ehrlich u. redlich zu Werke gieng, oder aber — was sich noch viel

---

[1] Bruchstück eines Briefes, ohne Datum, vermuthlich aber aus dem Jahre 1787.

eher vermuthen lässt — man vermengte mit den daselbst aufgefundenen Ordenspapieren des Br. Zwack mit Fleiss u. aus Absicht Dinge, um ihn der Welt in dem abscheulichsten u. hässlichsten Lichte darzustellen. O lies doch diese für jeden Ordensgenossen äusserst merkwürdige Schrift, u. sage mir dann Dein Urtheil darüber. Weisshaupt, der Urheber des Illuminateninstitutes, schreibt — wie man mich versichert — schon Tag u. Nacht an der Rechtfertigung desselben u. wirklich hab ich schon 3. gedruckte Bogen, die Einleitung zu derselben betreffend, die man einem meiner Freunde noch nass von der Presse überschickte, gelesen.[1]) Nach diesem wenigen nur auf die ganze Vertheidigung selbst zu schliessen, mag sie in der That vortrefflich ausfallen.[2])

Alxingern überbracht' ich Deinen Gruss u. Deinen Beyfall über seinen Doolin, u. Du hast hoffentlich schon seinen Brief. Da ich nun mit meinen Briefschaften mit Dir nach Jena ziehe, so nimm nun auch meinen inniggerührten Abschied von Vater Wielanden. Gott lass ihn noch lange zum Wohlgedeihen des guten Geschmackes u. zur Ehre Deutschlands als die Sonne an unserm litterarischen Himmel glänzen! Ihn persönlich kennen zu lernen, ist freylich einer meiner innigsten Herzenswünsche, u. wenn je das Schicksal nur in Etwas günstiger gegen mich wird, so soll er gewiss der erste aus allen meinen übrigen Wünschen seyn, die ich in Erfüllung zu setzen gedenke. Gott weiss wie sehr sein Oberon allein schon, ihn von Person zu kennen, Herz u. Geist bey mir in Bewegung setzte. Ich las ihn einst an einem schönen Nachmittag in einer einsamen und ungemein malerisch-schönen Gegend am Ufer der Donau im Prater. — —

---

[1]) „Einleitung zu meiner Apologie". Frankfurt und Leipzig 1787. (Drei Bogen stark.)

[2]) Kurz auf einander erschienen von Adam Weishaupt, dem Stifter des Illuminatenordens, die beiden Schriften: „Apologie der Illuminaten" (Frankfurt und Leipzig 1786) und „das verbesserte System der Illuminaten" (Frankfurt und Leipzig 1787), ferner: „Kurze Rechtfertigung meiner Absichten. Zur Beleuchtung der neuesten Originalschriften." Frankfurt und Leipzig 1787 und „Nachtrag zur Rechtfertigung meiner Absichten". Frankfurt und Leipzig 1787.

7. Leon an Reinhold
vom 5. November 1787.

Ich zweifle ganz, ob die oesterreichische Litteratur je den Grad einer wahren Kultur erreichen wird. Unsere hiesigen Schriftsteller leben im ewigen Rank u. Zank, und die Herren Poeten nun gar. Bey denen giebt es ein ewiges Hurlurlipurl, mit Kolofoniumfeuer untermischt. Glücklich derjenige, der sich in all ihre Sottisen nicht mit einmischt, und in der Stille u. Einsamkeit seines Herzens dem Genius des guten Geschmackes — er lebe und webe auch wo er will, sein Inneres heiligt, u. somit Gott befohlen!

Dein redlicher

Wien, den 5. Nov. 1787.
a. d. k. k. Hofbibl.
Gottlieb Leon.

8. Leon an Reinhold
den 28. Juni 1788.

Ueber Deine grossen Cathedergeschäfte muss ich mich in meiner Verwunderung des Virgilischen Ausdruckes: obstupui, steteruntque comae, vox faucibus haesit, bedienen. So viel docirende bey so viel schriftstellerischen Thätigkeit muss Deinen Geist, edelster Herzensbruder, am Ende ganz aufreiben; darum, bitt' ich Dich, doch auch auf Deine Selbsterhaltung dabey Rücksicht zu nehmen. Fr. Pfaff, der sich nun, wie Dir bereits schon bekannt seyn wird, zu Helmstädt kathedralisch niederliess, meldete mir schon von Deinem grossen Fleiss und Schweiss in Absicht Deiner Professorsangelegenheiten, sagte mir aber auch zugleich, dass Deine Gesundheit dabey einigen Abbruch litte, eine Nachricht, die mich über Deine gar zu übermässige Geistesanstrengung in einen nicht geringen Missmuth versetzte.

Ausnehmend bin ich erfreut, dass Du und Schiller nun die Hauptbearbeiter des Deutschen Merkurs seid. Unter Vater Wielands Oberherrschaft wird sein Geist wieder neukräftig aufleben, und ich habe wahrlich ein wahres Geistes- als Herzensvergnügen hierüber. Nur bitte ich Dich Deinem ohnehin zu sehr beschäftigten Geist mitunter auch eine wohlthätige Erhohlungspause zu gönnen, damit ihn eine unablässige Anstrengung nicht allzu stumpf für die Freuden des Lebens mache. — —

Wien, den 28. Jun. 1788.
a. d. k. k. Hofbibl.   Gottlieb Leon.

9. Leon an Reinhold
den 23. Januar 1790.

Wien, den 23. Januar im Jahr 1790.
a. d. k. k. Hofbibl.

Dein Buch,[1]) das, wie ich von allen Seiten her vernehme, in der litterarischen Welt ein grosses Aufsehen erregt, hab' ich für meine Person noch nicht erhalten; obgleich ein Exemplar desselben schon an unserer Hofbibliothek angeschafft wurde, und Blumauer schon das seinige erhielt. Ich erwarte dieses mir so vorzüglich schätzbare Denkmahl Deines Geistes mit grossem Verlangen. Ueberhaupt soll es mir der Hauptschlüssel zu dem unsterblichen Lehrgebäude unseres grossen Kants seyn, dessen Schriften ich, mittels Deiner Beyhülfe, nun ausführlich zu studieren gedenke; u. bey welchem Studium mir auch jeder Deiner besonderen philosophischen Aufsätze, die bereits schon in verschiedenen Zeitschriften zerstreut erschienen, äusserst willkommen u. nützlich seyn wird. In dieser Rücksicht ersuche Dich auch, mich sogleich in die Zahl der Subscribenten bey Deiner neuen periodischen Schrift einzuverleiben. Ich muss Dir offenherzig u. ungeheuchelt bekennen, dass man Dich in der denkenden Welt nun allerseits als einen der scharfsinnigsten Geister verehrt, die Deutschland aufzuweisen hat; u. dem man vornähmlich die Gabe zuerkennt, die abstractesten Begriffe so populär u. einleuchtend, als nur immer möglich, vorzutragen; nur bitte ich Dich herzlich, lass Dir diesen Ruhm nicht auf Abschlag Deiner Gesundheit zuerkannt seyn.

---

[1]) Reinhold's Versuch einer neuen Theorie des menschlichen Vorstellungsvermögens (Prag und Jena 1789.)

Um auch etwas von meinem litterarischen Fleisse zu erwähnen, so kann ich Dich auf kein anderes Produkt, als auf unseren diessjährigen Wienermusenalmanach verweisen, dessen baldmöglichste Anzeige in der allgemeinen Litteraturzeitung ich Dich zu übernehmen bitte. Die Censur war diessmahl äusserst strenge mit uns; so wie es überhaupt, nach den nun noch nicht lange eingeführten strengen Censursgesetzen zu urtheilen, mit unserer, vordem so sehr gepriesenen, Denk- u. Pressfreyheit allmählich wieder krebsgängig zu werden anfängt; denn wer eine von der hiesigen Censur verbothene Schrift auswärts zum Druck befördert, soll laut eines an die Herren Censoren herabgegebenen Mandats, welches jedoch meines Wissens noch nicht publiciret wurde, einer Leibesstrafe unterliegen. Gleichwohl scheint mir diese allzugrosse Strenge an unserem heurigen Musenalmanache nicht so fühlbar zu seyn; er verlohr, meines Wissens, nur einige wenige Obscönitäten, die ihn ohnehin mehr verunziert, als wirklich geziert haben würden. Uebrigens glaube ich durch meine poetischen Produkte — wenigstens unter den Dichtern Wiens, nicht einen so niedrigen Platz einzunehmen, als den mir Hr. Nicolai im neuesten Bande der allgem. deutschen Bibliothek anweiset. Er, der mir durch selbsteigene Veranlassung einen Brief voll Freundschaft u. allen nur erdenklichen Lobeserhebungen um die gütige Aufnahme einiger Berliner an unserer Hofbibliothek zusandte, u. mich bald nachher auf das banditenmässigste misshandelte, oder auch — was gleichviel ist — misshandeln liess. Aber ich behalte mir vor diese Niederträchtigkeit ihm bei der ersten Gelegenheit gewiss fühlen zu lassen. — — — Alxinger ist, so viel ich weiss, nun ganz mit unserer hohen Noblesse beschäfftiget, so, dass er von derselben allen Stolz u. Selbstdünkel — auch sogar in der Schriftstellerey — mit sich herumträgt, u. auf uns andere sublunarischen u. litterarischen Geschöpfe seinesgleichen, hoch wie ein Gott, herabsieht. Kurz sein Sinn u. sein Herz formt sich ganz nach der allergnädigsten hochadlichen Manier. — —

    Dein redlicher
           Gottlieb Leon.

10. Leon an Reinhold
den 7. Mai 1792.

Es erfreut mich herzlich, liebster Reinhold, dass auch Du in den allgemeinen Ehrendank, den sich Ritter Alxinger von allen unsern edelgesinnten u. aufgeklärten Landsleuten durch seinen Antihoffmann erwarb, mit einstimmst, u. seine Verdienste bey diesem so rühmlich bestandenen Abentheuer gehörig zu würdigen weisst. Ich wünschte, dass man ihm vor ganz Deutschland hierüber ein patriotisches Belobungsdecret ausfertigte. Er stellte sich diesem litterarischen Donquixotte noch zu einer Zeit entgegen, wo es wirklich Entschlossenheit, Muth u. Vorsicht galt, ihn zu entsatteln. Aber nun liegt der Wicht beynahe ganz zerviertheilt u. entgliedert da, u. röchelt seinen Geist nach allen Mönchsklöstern Wiens, vorzüglich aber nach dem ehemaligen Professhaus der P. P. Jesuiten u. Stanislai-Kapelle hin. Von da aus hofft er noch den letzten Zuspruch u. das Viaticum zu erhalten; aber auch die Spitzcaputzen u. Schwarzröcke wollen nicht heran, weil er ihre Sache so gar blitzhageldumm verfocht. ——

Wien, den 7. May 1792.   Gottlieb Leon.

11. Leon an Reinhold.[1])

Von Hern. Stegmann hört' ich, dass Du mit Schiller in einem besonders innigen Freundschaftsverkehr stündest. Ich bin von den Schrifften dieses so vortrefflichen so durchaus originellen Schriftstellers bis zum Enthusiasm entzückt, so, dass ich mich des Wunsches nicht erwehren kann, diesen so allgemein in Deutschland geschätzten Geist näher kennen zu lernen. Wenn Du mir hiezu eine gute Gelegenheit darbieten könntest, so würde mein Dank dafür ohne Gränzen seyn, u. Du würdest mich Dir dadurch zu allen möglichen Gegendiensten verpflichten.

Dein redlicher Bruder
     Gottlieb Leon.

---

1) Ohne Datum.

V. LORENZ LEOPOLD HASCHKA.

1. Lor. Leop. Haschka an Reinhold
den 20. Februar 1803.

Wien den 20sten Febr. 1803.

Lieber Reinhold, willkommen in dem engern Kreise meiner Auserwählten, willkommen tausend Mahl! Die Erinnerungen, die bei dem süssen Nahmen unsrer Vaterstadt in Ihnen empor sprangen; die Gefühle, die bey diesen Erinnerungen so warm u. lauter aus Ihrem Herzen hervorbrachen, bürgen mir, dass Sie ein guter, ein edler Mensch sind. O mein Theurer, was ist Gelehrsamkeit, was Ruhm mit allen seinen Titeln u. Kränzen u. Drommeten auf der Wage der Würdigkeit, wenn ihn auf der andern Schale nicht ein rechtschaffnes Herz in der Schwebe hält? Untersuchen Sie einmahl, was unsre bausbäckigsten Weltweisen (die insolente Verdeutschung griechischer Bescheidenheit!) unter der linken Brust verborgen tragen! Sie werden nichts anders finden, als ein kleines, morsches, eiskaltes, petrificirtes Ich! Ewige Ansprüche, keine Gewährung! Nicht also Sie. Ihnen ist es nicht um das System, nicht um einen Nahmen, nicht um Untertretung zu thun; Sie lieben u. suchen die Weisheit im echt Pythagorischen Sinne, um ihrer selbst willen, um durch sie die vera principia vitae zu erkennen, u. nicht nur glücklicher zu leben, sondern auch froher zu sterben. Doch von alle dem wollte ich, jetzt wenigstens, nicht reden: ich wollte Ihnen sagen, dass Ihr Nahme hier noch immer bey so manchem Ihnen bekannten u. unbekannten Redlichen in freundlichem Andenken blühet. Denis, der mir öfter mit geheimem Vergnügen erzählte, dass beynahe kein Schüler von

Ihnen nach Wien u. auf die K. Bibliothek komme, ohne ihm einen
Gruss von Ihnen mitzubringen, Denis[1]) starb mit sehr freundschaftlichen Gesinnungen für Sie, da ich ihm aus meinen Nachrichten u. Ihren Schriften Ihr edles Streben u. Ringen nach
Wahrheit, Ihre ausgezeichnete Moralität u. Liberalität versicherte.
Denn in der That interessirte ich mich um Sie u. für Sie, mein
lieber, ehemahliger Mitbürger u. Landsmann, weit mehr, als
ich es Ihnen in meinem ersten Briefe ohne einen Schein von
Zudringlichkeit bekennen durfte. Ich erinnere mich, obwohl nur
dunkel, dass ich Sie in Barnabiten-Kleidung einmahl bey Alxinger auf einen Blick sah; Sie gaben auch ein paar Oden in die
litter. Monathe, die ich dazumahl mit Riedel herausgab; dann
sprach Born mit mir weitläuftig über den Vorfall, der so unwiederruflich für Ihr ganzes Leben entschied. Ich bekenne Ihnen aufrichtig, dass ich mit Born's u. Ihrer damahligen Freunde Rathschlägen, u. der Art der Vermittelung gar nicht zufrieden war,
u. Ihnen sammt u. sonders einen derben Leviten über Hastigkeit
und Uebereiluug las. Doch Hoc fuit in fatis Tuis! u. Dank der
Vorsicht, dass es für Sie glücklicher ausschlug, als ich, Engherziger, damahls hoffte! Diese Wendung Ihres Schicksals, u. was
mir aus Ihren Briefen von Ihnen erzählet ward, machte mir Sie
aufs neue interessant. Dann erschien Kant's Kritik der r. V. die
ich der erste in Wien kaufte, las u. empfahl, obschon ich bis
jetzt die Geduld nicht hatte, sie ernsthaft zu studiren. Nun traten
Sie als der erste, eifrigste Apostel Kant's, den ich immer ganz
vorzüglich schätzte u. liebte, auf; u. jetzt verfolgte ich Ihre philosophische Laufbahn beynahe mit jedem Schritte. Aus Ihren
Auszügen u. mit Ihrer Erläuterung fing mir das Krit. System erst
an aufzudämmern, u. die Kritik der Urtheilskr. lernte ich aus
der Recension im 2ten Bde. Ihrer Beytr. am besten kennen.
— — Von der Zeit an waren Sie mir ein wichtiger Mann,
auch von darum, weil es meinen patriotischen Stolz kitzelte,
dass Sie dem grossmäuligen Protestant. Deutschlande durch
Ihre Werke bewiesen, dass es uns Wienern, oder Phaiaken, wie
uns Se. Duodez-Excellenz Hr. v. Göthe sehr lustig u. artig

---

[1]) Michael Denis, der hochverdiente Bibliograph und Dichter, war
am 29. September 1800 gestorben.

schilt,[1]) nur am Mögen, nicht am Vermögen mangele, wenn
wir nicht so viele u. tiefsinnige Bücher zu Tage fördern, als die
Omniscii u. Soliscii draussen. — — Aber das seltsamste bleibt
denn doch, dass ich nur wenige Tage vorher, als ich Ihre Ant-
wort erhielt, durch P. Widtmann inne ward, dass Sie zu dem Orden
gehörten, in dem ich 9 Jahre lebte. — — Die edeln Gefühle
der Achtung u. Dankbarkeit, die Sie beym Andenken Ihres spiri-
tuellen Bethlehems so rührend äussern, habe ich Propst Hof-
stätern, dem Director des K. Theresianum, meinem bewährten
Freunde, u. dem ehrwürdigen Widtmann, antiquorum homi-
num antiquissimo, dem unzertrennlichen Freunde u. Hausge-
nossen unsers unvergesslichen Denis vorgelesen. Beyde ehren u.
lieben Sie desswegen, u. dem bidern Greise zitterten ein paar
Thränen der Rührung an den grauen Wimpern. — Ich will die
Bemerkung gegen Sie nicht unterdrücken, die sich mir sonst oft,
u. bey dieser Gelegenheit neuerdings aufdränget. Die Leute Ihrer
Confession verschrieen u. verschreyen herkömmlich die Mitglieder, u. besonders die Priester meines Bekenntnisses, als intole-
rante Zeloten: dennoch versichere ich Ihnen auf Ehre, hat keiner
von allen, weder Levit noch Laie, weder Staatsmann noch Gelehrter, mit denen ich immer vorher oder jetzt von Ihnen sprach,
ein verdammendes Urtheil, ein hartes Wort, auch nur einen Vor-
wurf gegen Sie ausgestossen; im Gegentheile liess jeder Ihren Verdiensten volle Gerechtigkeit wiederfahren, freuten sich alle
Ihres glücklichen Fortganges, u. wünschten Ihnen aufrichtig
Glück u. Heil. Wer rief von den Unsrigen öffentlich das Ana-
thema über einen Κάκο-logius Schneider, einen Bronner, oder
Dr. Fessler aus? Nicht einmahl ein stinkender Confrater hat
ihnen in einer Controvers-Predigt nachgemeckert! Nun merken
Sie auf das edle Benehmen Ihrer Glaubens-Brüder beym Ueber-
tritte eines Ihrigen zu unsern Altären! auf ihr Betragen gegen
— Stolberg z. B.![2]) Mit welchem Ingrimm fielen sie über ihn

---

[1]) Bekanntlich war aber das Xenion „Donau in ***:
Mich umwohnt mit glänzendem Aug' das Volk der Phaiaken;
Immer ist's Sonntag, es dreht immer am Herd sich der Spiess,
nicht von Goethe, sondern von Schiller.

[2]) Friedrich Leopold Graf zu Stolberg war am 1. Juni 1800 zur
katholischen Kirche übergetreten.

her, wie bitter haben sie ihn verhöhnet, wie blutig gestäupt! — Wo denn (die Hand aufs Herz u. Gott die Ehre!), wo denn also hauset eigentlich die Tochter des Himmels, wie Mendelssohn in einem Stammbuche die Toleranz nennt, wo? Ey ja, den grossen Worten nach allerdings auf den schallenden, prahlenden Lippen der Lutheraner; in der That aber u. der Wahrheit bey uns dumpfen, stumpfen Päpstlern.

Dass Sie mit Ihrem beschiednen Loose zufrieden sind, das eben zeuget von Ihrer practischen Weisheit. Quod es, esse velis, nihilque malis! ist die wahre Maxime, glücklich zu leben u. in seiner Sphäre etwas zu leisten. Das irre Wünschen ist eine Gattung Seelen-Schwindsucht, die nach u. nach alle unsre Kräfte aufzehret, u. uns um jeden frohen Genuss, ja! um das Leben selbst betriegt. Auch ich, m. theurer Freund, bin mit meiner Schulmeister-Stelle u. meinem Hausknechts-Dienste, wie ich meine Professur im Theres. u. das Custos-Amt an der Universitäts-Bibliothek zu nennen pflege, völlig zufrieden, u. würde nicht mit dem ersten Minister tauschen.

Ich begreife, dass Sie Sich auf keine Fortsetzung Ihrer ehemahls angefangenen Schriften mehr einlassen können. Auch fühle ich innig, dass jede Frage, jeder Zweifel in Beziehung auf vorige, von Ihnen verlassene Systeme nur unbescheidne Unterbrechung, nur importune Störung Ihrer jetzigen, Ihnen höchst wichtigen Betrachtungen wäre. Sie sind mit allen Kräften Ihrer Seele in Ihr neues System[1]) versenkt, u. können u. wollen nun nichts anders daneben mehr sehen u. hören u. denken. Ja, l. Reinhold! so muss man es machen, um sich ein System zu unterwerfen, um seiner ganz Herr zu werden. Ich bewundere Ihren Muth, Ihre Kraft, Ihre Beharrlichkeit; u. weiss es recht gut, dass ich bloss aus Mangel einer solchen männlichen Entschlossenheit u. rüstigen Anstrengung so ein erbärmlicher Stümper geblieben bin. Mit Kant's Systeme habe ich für mich beynahe abgeschlossen, u. auch in diesem Systeme bin ich nicht wie

---

[1]) Das Bardili-Reinhold'sche System des rationalen Realismus.

ein Meister, sondern nur wie ein höchst oberflächlicher Diletante bewandert. **Fichte's Wissenschaftsl. u. Bestimmung** habe ich gelesen; von **Schelling** ist mir durch Autopsie nur bekannt, was er in Journalen ex tripode orakelt; u. **Bardilis Logik** zu überkommen, habe ich zwey Mahl angesetzt: umsonst! ich konnte nicht über zwey Blätter kommen! Wahrhaftig, das heisst der Langmuth des Publicum zu viel aufgebürdet. Nachdem die neuesten Herrn Philosophen die Wortsprache schon auf einen solchen Grad sublimirt haben, dass ihnen der gewandteste Leser nicht mehr folgen konnte, so fangen sie nun an in **algebraischen Formeln zu sprechen**! Um aller sieben Weisen Griechenlandes willen, **Quis leget haec?** vel **duo**, vel **nemo im allereigentlichsten** Verstande! u. unter diesen **duobus** verstehe ich noch den **Auctor** u. den unglücklichen Menschen, den **Setzer**, der wenigstens das Mscrpt. buchstabiren muss. Sagt nicht selbst Fichte, selbst Schelling, Hegel, die doch Bardilis u. Ihre erklärte Gegner sind, dass sie in Ihren Schriften nur **blättern**? Die Professoren der Philosophie nehmen entweder nicht Notiz davon, oder blättern auch entweder aus Neugierde, oder aus Schalkheit darin; für den grossen Haufen der Studirenden sind diese Ausgeburten des angestrengtesten Witzes u. Scharfsinnes gleichwohl nur Böhmische Dörfer; u. für die übrige gebildete Welt bleiben diese Bücher **ewig verschlossne Bücher**! Cui bono also aller dieser Aufwand der tiefsinnigsten Speculation u. der eminentsten Talente? Nisi utile est, quod facimus, stulta est gloria! Und dann welch ein Ton, bey allen Musen u. Grazien, welch ein Ton herrscht in ihren Streit-Schriften, welch ein Uebermuth, welch ein Bauerstolz, welch eine Sack- u. Pack-Träger-Rhetorik! O

> Fichte, Schelling, Hegel,
> Göthe, Tieck, u. Schlegel,
> Ihr zwey Mahl drey göttlichen Flegel!

Facit indignatio versum, qualemcumque potest. Es versteht sich, dass alles, was ich von diesen Leuten böses, aber, leider! **buchstäblich wahres** gesagt habe, Sie, edler, würdiger Mann! auch nicht in der allerentferntesten Beziehung treffen kann. Sie haben mit diesen Menschen nichts gemein, weder Zweck, noch Mittel, noch Ton. Darum werden Sie auch von ihnen, wie in den letzten kritischen Fetzen Schelling's, auf eine so niederträchtige Weise herumgehudelt.¹) Aber fürchten Sie nichts! bey gesetzten, vernünftigen, billigen Leuten können Ihnen diese philosophischen Köther nichts schaden, nur sich selber machen sie der gesitteten Welt zum Scheuel u. Gräuel. Ihr redliches Streben wird am Ziele, wo Sie das auch immer finden mögen, gewiss von der Weisheit u. Tugend mit dem unverwelklichen Amaranthen-Zweige gekrönet werden. Folgen · kann ich, ich alter, lahmer! Ihnen nicht mehr in die Renn-Bahn; aber von den Schranken rufe ich Ihnen aus ganzer Seele ein Macte virtute, diligentiaque esto! zu.

Was meine Aesthetik betrifft, so habe ich alle alte u. neue Lehrbücher, alle dahin einschlagenden Schriften, dass mir oft der Kopf darüber rund lief, gelesen. — Schiller hat gezeigt, was in Kants Kritik d. Urtheilskr. für Schätze verborgen liegen; er hat die lyrischen Sprünge in Kant's philosoph. Vorträge ausgefüllet, u. in eine Sprache gekleidet, die nur die Musen reden können. Ueber das Erhabene u. Pathetische, über Anmuth u. Würde, über das Sentimentale u. Naive, das ist das Vortrefflichste, was wir in dieser Gattung haben. Möchte doch der eine Aesthetik u. Poetik schreiben! Aber ich finde nicht, dass er fichtisirt, schellingisirt; er ist der reine Kant. — In der Schlegel Schriften liegt Wahres u. Falsches, Weisheit u. Thorheit so nahe, so dick neben u. untereinander, wie in dem Gehirne eines Philosophen, der zum Narren geworden ist. Die Bursche sind mir unausstehlich! — Woran es allen Kritiken, Theorien u. Aesthetiken fehlt, d. i. an den psychologischen Vorkenntnissen. So lange nicht das Erkenntniss-, Gefühls- u. Begehrungs-Vermögen, insofern sie unmittelbaren Bezug auf die Aesthetik, methodo Kantiana, haben, klar u. deutlich entwickelt sind, so lange werden wir keine Aesthetik haben, die jungen Leuten ganz fasslich u. brauchbar wäre. — — —

Der Ihrigste
Lor. Leop. Haschka.

---

¹) Die heftige Polemik zwischen Reinhold und Schelling hatte sich auf Seiten des Letztern bis zu Spott und Schmähung gesteigert.

2. Haschka an Reinhold
den 8. April 1803.

Wien, den 8ten Aprill 1803.

— — — Ganz kann ich mich in das Unangenehme Ihrer Lage hinein denken, Ihnen lebendig den Missmuth, den Ekel, die erstarrende Kälte nachempfinden, die Sie befallen muss, da Sie jetzt, beynahe am Ziele Ihrer schweren, männlichsten u. gelungensten Anstrengungen für das Eine, was der Menschheit Noth thut, nichts als Gleichgültigkeit, Vernachlässigung, Unehren u. zwar von den Coryphäen der Menschheit selbst, den Weltweisen, Kritikern u. Gelehrten, einernten. Noch schärfer, noch stechender muss Ihnen dieses Gefühl die Lebensweise machen, die Sie auf protestant. Universitäten zu führen gezwungen sind, wo Sie alles Muthes, alles Trostes, ja selbst der Zerstreuungen entbehren, die man aus dem gemischten Umgange mit gebildeten Weltleuten, die von all den Schulfuchsereyen u. dem ganzen Prasse der Gelahrtheit nicht die geringste Kunde nehmen, schöpfet. Schämen Sie Sich, l. Freund, dieser Klagen nicht; sie sind so menschlich, so natürlich. Ward ja Lessing, der Starke, selber von dem Undanke seiner Zeitgenossen überwältigt u. zu Tode gekränkt. Hätte der genialische Anti-Götze in Wien gelebt, er lebte noch. — — Der in seinem Leben so sehr gepriesene d. h. gefürchtete Lichtenberg,[1]) der mit dem Electrophor seines Witzes so manchen gelehrten Ochsen todt schlug, wird nun, da er seinen Electrophor nicht mehr handhaben kann, als ein physikalischer Taschenspieler, höchstens als ein Naturae curiosus erfunden! Und Kant, der noch lebt, lebt! u. mit Ehren sein graues Haar trägt, welch eine Demüthigung musste der erfahren, noch ehe er zur Grube sank! In demselben Journale (dem T. Mercur), in dem Sie ihm einen Altar aus Morgensternen erbauet, u. worauf ihn der Herausgeber dieses Journals apotheosirt hatte, in demselben Journale wird er nach nicht völlig zehn Jahren von demselben Vergötterer, der auch ein Greis ist, u. um den es Kant wahrlich nicht verdienet hat, schmählich herunter gerissen, u. unbarmherzig in den Staub getreten — warum? weil die Krit. Philosophie aus der

---

[1]) Georg Christoph Lichtenberg, der berühmte Physiker und Humorist, war am 24. Februar 1799 gestorben.

Mode, u. die Kalligone eine Wand-Nachbarin ist. Was gackern u. geifern unsre aus dem faulen Eye des Homers-Geisselers eben flück gewordenen ästhet. Basilisken von den Zierden u. Stammhaltern unserer Litteratur, einem Mendelssohn, Bürger, Garve Engel, Klopstock, selbst Wieland?... O bleiben Sie mir mit Ihren Gelehrten vom Leibe! Ich kenne dieses Gezücht von Sattler's u. Klotzens Briefen an bis auf den heutigen Tag. Ich selbst, so ein litterar. Nemo ich selber bin, habe hübsche Erfahrungen an meinem eignen Nahmen erlebt, die mir zwar keine Minute meines Lebens vergället, meine Verachtung aber gegen diese Raçe für ewig entschieden haben. Also m. theurer Freund, um des Lobes oder Tadels willen dieses Gesindels nichts unternommen, nichts unterlassen! aber was Ihnen zu thun gerathen scheint u. eben gemüthlich ist, das thun Sie, als ein selbstständiger Mann, zu Ihrem eignen Vergnügen, zum Unterrichte Ihrer Freunde, die zwar keine Gelehrten, aber Ihnen dafür nur um desto dankbarer, wie z. B. meine Wenigkeit, sind, zum Nutzen der Welt u. — ja! ein Mann von Ihren Talenten, dem Gehalte u. dem Umfange Ihrer Kenntnisse wird gewiss auch clarus Postgenitis bleiben! — u. Nachwelt! Mit welcher Sehnsucht sehe ich dem fünften u. noch mehr dem sechsten Hefte Ihrer Beyträge entgegen! — — —

Dass man Ihnen auf den protestant. Universitäten die Verlegenheit eines Glaubensbekenntnisses ersparet hat, zeugt von einer sehr liberalen Denkungsart Ihrer academischen Herren Theologen. — Sie, mein Theurer, haben Ihr Glaubensbekenntniss in Ihren Verhandl. vor Himmel u. Erde abgelegt, u. Gott gebe, dass Ihnen dieses Glaubensbekenntniss nur recht viele Menschen im Geiste u. der Wahrheit nachsprechen mögen! — —
Gott mit Ihnen, u. bleiben Sie gut
Ihrem
redlichen Haschka.

3. Haschka an Reinhold
den 5. und 6. März 1804.

Wien, den 5ten März 1804.

— — Wehe thut es mir, traurig macht es mich, dass Sie, guter, edler, würdiger Mann, immer mit einem so fatalen Schicksale, mit Kränklichkeit, zu kämpfen haben.

Wirf den Willen nicht weg, glücklich zu seyn, o Du,
der so glücklich zu seyn verdient!

Haben Sie Muth, zu leben! —— Lesen Sie einmahl wieder Ihre Classiker durch, oder M. Stael Delphine, in die Vater Wieland, oder den neuesten Roman der Caroline Pichler, in die ich pro tempore verliebt bin; machen Sie Verse ... Wer sang denn im März-St. der Litterar. Monathe Ao. 1777 an Sined:[1])
... Auch von fern Dir
Folgen, ist Stolzes genug für Reinhold?

Ist das der Reinhold, an den ich jetzt schreibe? Hat denn σοφία (ich meine nicht Ihre Ihnen ehrlich u. christlich angetraute Sophie) sondern jene Allerwelts- (darum sie auch Weltweisheit gescholten wird) hat dieses Ihr Kebsweib Ihnen denn alle Saiten auf dem goldnen Spiele zerrissen, das in den heiligen Stunden der Weihe Ihnen Polyhymnia unter hellen Nachtigall-Chören darreichte? Aber reden Sie gleichwohl auch mit einem gescheidten Arzte. Schreiben Sie an Hufeland. Mit einem Worte wenden Sie alles an, um Ihre Gesundheit dauerhaft herzustellen!

—— M. l. Reinhold (doch das Ihnen nur in Ihr gut österreichisches Ohr geflüstert!) unser guter, guter Kaiser, den ich so sehr verehre, u. so wahrhaft liebe, weil er wirklich ein vortrefflicher Mensch ist, von Herzen das Beste seiner Völker will, Talente u. Eigenschaften besitzt, die in diesen gefährlichen, trubelvollen Zeiten an einem Regenten nur zu wünschen — ach! der edle Mann mit seinem wahrhaft königlichen Herzen ist übel, sehr übel berathen! Es hält ihn eine gleissnerische, verächtliche Pfaffen-Partey umgarnet, die sein zartes Gewissen frevelhaft ängstiget, u. ihn Schritte thun macht, die ihn u. sein Volk sicherlich nicht dahin bringen, wohin er es mit seinem geraden Sinne u. besten Willen zu führen gedenkt! Alle echten Patrioten zucken die Achseln, u. unterdrücken mit einem Blicke gen Himmel einen tiefen Seufzer. Seit der alten Maria Theresia (u. wie standhaft hat auch sie ihnen Widerpart gehalten, wenn sie mit ihren Raben-Flügeln an die Stufen ihres Thrones streiften!) seit Marien Theresien war an unserm Hofe keine Pfaffen-Partey; plötzlich, vor zwey Jahren ungefähr, erhob sich dieses Ungethüm, erst nur zweyköpfig, u. nun steht es da, Bellua centiceps! durch Eine, eine

---

[1]) Sined, der Dichtername für Denis.

einzige unschuldige, redliche Frage des Kaisers vielleicht aus der Asche der Hölle aufgeschaffen!! — —

Den 6ten. 11 Uhr Nachts. Ich habe bis diese Stunde noch kein Blatt von der Jenaer- oder Haller-Litteratur Zeitung gesehen, obwohl das 1ste Hft. schon hier ist. — Sie haben nach meiner Denkungsart ganz Recht, dass Sie den undankbaren Menschen, den Hallischen Reigenführer, haben sitzen lassen, u. Sich zu den Jenensern geschlagen, die Sie gewiss mit beyden Armen werden empfangen haben: obwohl ich nicht weiss, was die philosophischen Bären, Fichte, Schelling, Hegel, die unstreitig da ihre Hetzen halten werden, dazu brummen mögen. Im ästhet. Fache ist nirgends etwas, wenigstens nicht viel gutes zu erwarten. Die besten Recens. könnten nur Philosophen machen, die auch diesen Zweig der Philosophie bearbeitet haben, wie Sie z. B. oder Eberhard (obgleich schon dieser von Kant's Systeme keine Notiz zu nehmen affectirt); aber Ihr Herren habt alle Hände voll mit den abstractern Gegenständen Eurer Wissenschaft zu thun: so blieben denn noch als competente Richter für die sch. Redekünste die Dichter selber, wie ein Schiller, Göthe u. dgl., aber diese wollen lieber Kunstwerke produciren, als kritisiren; also fällt dieses ganze Fach in die ungeschickten, aber allezeit fertigen Krallen der eigentlichen kritischen Handwerker, denn welcher Stümper, Studente, ja welches Weib erdreistet sich nicht über ästhet. Producte auch der ersten Virtuosen abzusprechen. — —

Herzlich umarmt Sie Ihr

Haschka.

4. Haschka an Reinhold
den 10. April 1804.

Wien, den 10ten Aprill. 1804.

— — — Schiller's Schriften schätze ich, wie Sie; Schlegel's oder vielmehr der Gebrüder Schlegel Werke kenne ich auch: wenn nur die ästhet. Goldkörner etwa nicht so selten u. in einem solchen Wuste von Narrheit bey ihnen versteckt wären! Merkel's Journale[1] halte ich vom Anfange an für meine Lese-

---

[1] Im Jahre 1803 hatte Garlieb Merkel gemeinsam mit Kotzebue die Redaction des „Freimüthigen" in Berlin übernommen.

Gesellschaft. Im letzten Hefte des Freymüthigen wird Schiller recht unwürdig (bey Gelegenheit der Recens. seiner 2 Bde. Gedichte) behandelt. Aber sequitur pede poena claudo! Die Nemesis hat Schill. erreicht, u. ihm wird jetzt gemessen, wie er einst Bürgern mass. Er disputirte Bürg. Nomen Poetae, u. diesen heil. Nahmen spricht man auch ihm jetzt ab. Ungerecht! aber der erste Ungerechte war Er!! — —

Cura, ut valeas! et ama
Tuissimum
Haschka.

5. Haschka an Reinhold
den 24. Juli 1804.

Wien, den 24. Julius, 1804.

— — Ihre treffliche Recension Köppens habe ich endlich im April-Hefte der L.-Z. gelesen: sie enthält die Grundsätze Ihres Werkes, dessen Druck[1]) zu besorgen, ich die stolze Freude habe. In der That, l. Freund, springen Sie in diesem Werke auch mit mir (Tuo dulci amiculo!) recht unbarmherzig, recht grausam um. Mein Eines u. Alles, Kant's System, hauen Sie mir ja ganz in die Pfanne! Wo ist nun das Erhabene des Kantschen Moral-Princips? Ich bin aus meines Vaters Hause hinausgeschläudert in die Wüste, u. wo, wo werde ich mich nun anbauen? — —

Haschka.

6. Haschka an Reinhold
den 9. und 10. October 1804.

Wien, den 9ten 8ber, 804.

— — Auf Richter's Vorschule der Aesthetik[2]) bin ich äusserst gespannt. Wenn das letztere nur diese Messe auch ge-

---

[1]) Haschka besorgte die Correctur von Reinholds Werke „Anleitung zur Kenntniss und Beurtheilung der Philosophie, in ihren sämmtlichen Lehrgebäuden, ein Lehrbuch für Vorlesungen und Handbuch für eigne Studien", das im Jahre 1805 in Wien (bei J. V. Degen) erschien.

[2]) Jean Paul Richter's „Vorschule der Aesthetik", welche zuerst im Jahre 1804 erschien.

wiss fertig geworden. Uebrigens hat uns der Michaelis-Mess-Catalog, ausser Schiller's Wilh. Tell, u. 2 neuen Bdn. von Klopstock's Werken nichts eben Interessantes angekündigt. Ich bin neugierig, wie Ihnen die Leonore der Fr. v. Pichler[2]) gefallen wird. Es versteht sich, dass ein candidus judex das Quis u. Ubi bey Beurtheilung dieses Romans mit in Anschlag nimmt. Schreiben Sie mir unverhohlen Ihr Urtheil darüber, u. auch über Mdme. Staels Delphine. Tiek's Octavianus ist albern, wie alles, was der Mensch schmiert, u. der etlichen Fettaugen wegen, die auf dieser Wassersuppe etwa schweben, nicht werth, gelesen zu werden. Aber in Jean Paul's Flegeljahren sind doch, wie in allen Jean-Paulianis wahre u. nicht seltene Blicke u. Blitze des Genies, so abschreckend fast alle Titel seiner Bücher sind: darum bin ich auch auf die ästhet. Theorie dieses so unästhetischen Practikers so begierig. — —

Von seiner Wiedererrichtung hatte das Theresianum, das alle Uebelgesinnte gewaltig genirte, den Hass u. den Grimm dieser Rotten zu tragen. Alles Gute, was da geschah, wurde entstellt; die kleinsten Fehler zu Missbräuchen u. Verbrechen hinauf gesteigert; u. was man nicht fand, das erfand die Verläumdung mit eiserner Stirn. Alles Uebel wurde der Direction des Hauses, die Exjesuiten waren, aufgebürdet; u. da ein glühender Feind der Exjes. eben das Ohr des Monarchen u. sein Zutrauen besass, u. leider! noch besitzet, so wurde der Herr mit Schreckbildern, die nirgends als in den schwarzen Herzen des entschlossenen Verläumders waren, geängstiget. Der Kaiser, gewiss Einer der besten Fürsten u. Menschen, der durch Errichtung u. Erhaltung dieser Erziehungsanstalt dem Staate eine wesentliche Wohlthat erwiesen zu haben u. zu erweisen überzeugt ist, thut nun alles, was man ihm vorschlägt, um dieses Haus zur Vollkommenheit zu bringen. Daher die erste Veränderung mit Hofstäter, u. nun die zweyte Total-Veränderung, da das Haus der böhmischen Provinz der Patrum piarum Scholarum mit aller Macht, Gewalt, Ansehen u. Emolumenten, welche weiland die Jesuiten unter Maria Theresia hatten, übergeben ward mit dem Auftrage, alle Lehrstühle, auch die Philosophischen, je eher, je lieber aus

---

[2]) „Leonore", der im Jahre 1804 erschienene Roman der Wiener Schriftstellerin Caroline Pichler.

ihrem Gremio zu besetzen. Unglücklicher Weise hat man mir das verflossne Schuljahr die Philosophen des 3ten Jahres zu Zuhörern angewiesen, also — consequentia in forma. Wie eifersüchtig, wie mönchisch intolerant u. wie gewaltthätig dieser beschorene Haufe zu Werke geht, können Sie daraus sehen, dass sie alle Exjesuiten, auch den alten Widtmann, die gar kein Amt verwalteten, mit der grössten Insolenz hinausstürmten! u. mich, — den einzigen Exjesuiten, der einen Katheder besitzt! — mich sollten sie dulden, da sie, mich wegzuwerfen, vermöge Hof-Decrets sogar berechtiget sind, u. mich verschiedner Verhältnisse wegen zu scheuen, scheinbaren Grund haben? — Heuer, oder vielmehr für das künftige Schuljahr bleibe ich noch auf meiner Professur; aber schon mein gegenwärtiges süsses, u. mein noch süsseres künftiges Loos können Sie ohne weiteres Detail von Selbst ermessen. — Den 1ten Dieses nahm das schwarze Chor, 31 an der Zahl, Besitz vom Hause. —

Adieu, l. Freund! Dort oder da unveränderlich der
Ihrige
Haschka.

N. S. den 10ten 8ber, 1804.

— — Was würde erst mit mir werden, da der schlechte Pfaff, der das Zutrauen des Kaisers hat, u. natürlich auch über mich zu sprechen haben würde, noch obendrein mein persönlicher Feind ist? O m. l. Reinhold, das sind wahrhaftig keine angenehmen Aussichten aber was ist zu thun? Ich weiss nichts, als es der Vorsicht anheim zu stellen, mich mit dem Nil conscire sibi trösten, u. mein Amt so gut, als ich es vermag, zu verrichten. Aber bey einem solchen Prospecte kommt einem die Arbeit noch einmahl so sauer an. —

Adieu! Verzeihung, dass ich Ihnen so viel vorgewinselt habe! Ich schäme mich jetzt meiner Unmännlichkeit. In diesen Umständen sollte sich ein gesetzter Mann lieber, wie Bürger sagt, in edlem Ingrimme schweigend aus der Welt hinaushungern. — Also Adieu! Ich will diese schnarrende Seite nie wieder berühren.
Tuissimus
H.

7. Haschka an Reinhold
den 2. November 1804.

Wien, den 2ten IXber, 1804.

— — — Ich las neulich Wieland's Krates u. Hipparchia. Schlechtes kann W. nichts schreiben; aber unter sein Bestes gehört dieses ziemlich alltägliche Romänlein doch auch nicht. Schiller's Tell bekam ich noch nicht zu Gesichte, so sehr mein Geist nach dieser lebendigen Quelle dürstet! Man sagte ihn neulich hier bey uns todt: zum Glücke wird sein Tod seit ein paar Tagen her widerrufen! Auf Richter's Vorschule der Aesthetik bin ich äusserst gespannt, besonders weil Sie, ein solcher Aesthetiker, was daraus machen! Dass es ohne Jean-Paulitäten nicht ablaufen würde, ja! nicht einmahl ganz könnte (denn wer bleibt nicht doch immer Er-selbst, oder Selbselbst?), das dacht ich gleich, u. bin darauf auch gefasst. — Kennen Sie von unserm Collin[1]) (einem gebornen u. erzognen Wiener) nichts? Seinen Regulus, seinen Coriolan, seine Polyxena? der ist einmahl wieder eine Erscheinung auf dem deutschen Parnass, der Studium cum divite vena vereinigt,

und die verlassene Bahn alter Unsterblicher geht!

Man glaubt einen Sophokles, oder wenigstens einen Euripides zu lesen, wenn man seine Tragödien lieset — denn in der Aufführung, dünkt mich, verlieren sie, wie Göthe's Iphigenie, u. alle Trauerspiele der Griechen, schon ihrer Simplicität wegen, auf unsrer Bühne u. vor unserm Publicum verlieren müssen. Auch las ich neulich von ihm ein paar Oden, die ihm unter unsern jetzt lebenden deutschen Lyrikern gewiss keiner nachsingt! — Und Er ist unser! Wie freue ich mich, als Verehrer der heiligen Kunst! Wie stolz jauchzet ihm mein patriotisches Herz zu! Auch sieht man aus seinen Schriften, wie trefflich er seinen Kant inne hat, u. wie tauglich Kant's Moral-Princip, worauf er seine Lehre vom Erhabenen gegründet hat, für den Dichter ist! — Ich kenne Collin nicht von Person. — —

Haschka.

---

[1]) Der dramatische Dichter Heinrich Joseph von Collin, geboren in Wien 1772, † 1811.

8. Haschka an Reinhold
den 14. December 1804.

Wien, den 14. Xber, 1804.

Verzeihen Sie, liebster, bester Freund! dass ich Ihr theueres Schreiben vom 11ten vorigen Monathes, das den 29 desselben bey mir eingegangen ist, erst heute beantworte! So manche Verhinderung, worunter auch das Fest der erbl. Oesterr. Kaiserwürde, die ich Knall u. Fall bekrächzen, wo nicht besingen musste, gehöret. Hier schlage ich Ihnen also diese sogenannte Ode ein.¹) Sagen Sie mir, als Freund, d. h. strenge wahr, was Sie davon halten. Freylich ist es das Werk nur zweyer Nächte: u. ich bin nie ein Allzeit-Fertiger gewesen, u. habe, seit dem ich Professor bin, fast gar keine Uebung mehr, worauf doch das Practische des Poetisirens so sehr beruhet.

Haschka.

9. Haschka an Reinhold
den 27. September 1805.

Wien, den 27sten 7ber, 1805.

Ein Berliner, ein junger Philosoph, wirklich ein trefflicher Kopf, ein vielseitiges Talent, der Verfasser des Gegensatzes der in der A. D. Bibliothek gerade von Ihnen, freylich nicht mit cymbalis bene sonantibus recensirt ward, hat hier — (das sey Ihnen in Ihr geheimstes, in Ihr drittes Ohr vertraut!) — hat hier Professionem fidei catholicae abgelegt, u. ich stand ihm bey diesem solennen Act, als erbethener Zeuge bey. Noch in der Nacht desselben Tages fuhr er von hier ab nach Hause, um ja allen Verdacht einer zeitlichen Rücksicht niederzuschlagen. Ich war über ihn, über mich, über alles dabey erstaunt. — —

Was sagen Sie zu Ihres Schwiegervaters Euthanasia? Was der alte Mann noch alles schreibet! Wie bündig, wie philosophisch und dennoch wie populär! Mir hat das Werkchen sehr gefallen, obschon es gegen mein ganzes Ahnden, u. Hoffen, u. Meinen u.

---

¹) Ode Haschka's „Auf Franz I., Erbkaiser von Oesterreich" (1804).

Glauben stösst: denn wenn ich nicht mehr ich bin, wenn ich meine Persönlichkeit verliere, was gehe ich mich dann mehr an? — Haben Sie seinen Jon, seine Helena aus Euripides gelesen? Das heisst Uebersetzen aus dem Griechischen! Halten Sie doch die Bothische Uebersetzung dagegen. Bothe u. Consorten, von dem Tongeber Voss an, präsentiren uns die veritable Mediceische Venus zu Staub zerrieben auf ihren Präsentir-Tellern; Wieland gibt uns freylich davon nur einen genauen Gyps-Abguss: aber wer gibt mehr? — —

Und nun von der literarischen zur politischen Welt! Was sagen Sie zu den jetzigen neuen u. neuesten Adspecten? Haben Sie die zwischen Oesterreich, Frankreich u. Russland gewechselten Noten, die hier französisch u. deutsch heraus kamen, gelesen? von den kriegerischen Anstalten, die so energisch bey uns gemacht werden, gehöret? Wird es zum wirklichen Bruche kommen? Der Franz. Bothschafter hat seine Wagen gepackt; aber ist noch hier u. würde sehr ungern von hier gehen. Indessen scheint mir, ist die Aeusserung u. das ganze Betragen unsres Hofes sehr würdevoll, sehr gerecht, sehr loyal, wenigstens ist hier vom Vornehmsten bis zum Geringsten jedermann höchst zufrieden damit, was ich noch nie erlebt habe: aber das thut meinem patriotischen Herzen in der That recht wohl. Uebrigens ist es freylich ein gewagtes Spiel das Kriegesspiel, u. der Einsatz für beyde Theile höchst wichtig. — —

Haschka.

10. Haschka an Reinhold
den 28. Februar 1806.

Wien, den 28sten Febr.[1])

— — Schreiben konnten wir nicht, denn wir waren ja vom Feinde ganz umzingelt,[2]) u. noch ist ja der fremde Kriegsknecht nicht ganz von unsrer Grenze weg. — Das allgemeine

---

[1]) Nach dem Inhalt jedenfalls 1806.

[2]) Am 13. November 1805 hatte Wien dem französischen Heere die Thore öffnen müssen, am 2. December war die Schlacht bei Austerlitz geschlagen, am 26. December 1805 der Friede zu Pressburg geschlossen worden.

Elend, das der Himmel über uns alle verhängte, drückte uns insgesammt schwer, u. wird leider! noch lange, lange drücken. —
Was die Zeit unsrer Prüfung betrifft, darüber will ich Ihnen ausführlich schreiben: doch nur diess Einzige sage ich Ihnen jetzt: Seyn Sie stolz, ein Wiener zu seyn! So, nach dem lauten Zeugnisse aller Fremden, selbst der Feinde, so hat noch kein Volk im Ganzen sich betragen!

Weil diess nur Ein Blatt ist, so schliesse ich Ihnen die Ode bey, zu der ich aufgefordert ward, u. die ich auch unaufgefordert gemacht hätte. Man war hier damit zufrieden, wenigstens hat sie das Verdienst geschichtlicher Treue. Die Preussen benamen sich nach ihrem gewöhnlichen Schurken-Systeme (Politik genannt)! —

Haschka.

11. Haschka an Reinhold
den 21. October 1806.

Wien, den 21sten 8ber, 806.
Abends 10 U.

— — Der Zustand Europens, wie er jetzt ist, hat treffende Aehnlichkeiten mit dem, wie er unter Carl V. war; aber der jetzige πανάρχος ist, wie das Unendliche, nur sich selber gleich. Haben Sie die zwey Bücher: Napol. u. das Französ. Volk, u. Nap. wie leibt u. lebt gelesen? — Die Söhne des Thals[1]) sind höchst interessant, ich kenne sie schon lange, aber desselben Werners Luther[2]), den ich nur aus Auszügen von Journalen kenne, reizet mich gar nicht zum Lesen. Demosthenis Staats-Reden, von Jacobs übers. sind vortrefflich, u. ein wahrer Spiegel unsrer Zeiten. — — Nun der Krieg ist denn nun wirklich ausgebrochen. Die Preussen sollen geschlagen seyn, aber wieder geschlagen haben. Ich fürchte, es kommt am Ende doch nicht viel heraus. Sie haben den einzigen Zeitpunkt unredlich verpasset, u. die Gelegenheit entwischen lassen, quam elapsam semel Non ipse possit Jupiter reprehendere. Sie weideten sich an Oesterreichs Untergange; u. gerade Oesterreichs Untergang wird den ihrigen herbey ziehen, u. das

---
[1]) Die Dichtung Zacharias Werner's.
[2]) Z. Werner's Drama „Martin Luther oder die Weihe der Kraft".

alte Wort bewähren: Wer einem Andern eine Grube gräbt u. s. w. Ihre Klagen über Oesterr. sind, leider! gegründet genug, u. weil der Ton, in dem Sie Ihre Klagen ausgiessen, von einem patriotisch blutenden Herzen zeuget, bin ich nicht unwillig darüber. Wer aber über uns nur spottet u. spöttelt, dem werfe ich den Fehde-Handschuh vor die Füsse. Wie tief, l. Landsmann, schmerzet u. kränket es mich, dass es so ist, u. so leicht — nein! so leicht doch nicht! aber dennoch anders seyn könnte, gewiss seyn sollte! Indess, wo ist es denn eigentlich besser? Hier u. da, in diesem u. in jenem anders, im Ganzen aber besser nirgends! O ich kenne die Deutschen, ewig uneins unter sich, ewig eifersüchtig auf einander, ewige Verfolger des mächtigern, Verräther an ihrem Vaterlande, Helfer und Bundesgenossen fremder Tyrannen wider ihre eigne Nation von Segest dem Cherusker bis herab auf den elenden Baiern. So ward Deutschland von den Römischen Welt-Tyrannen zerrissen, wie jetzt von dem Französischen. Warum zerfleischt Germanien Mit eigner Hand ihr Eingeweide? u. s. w. lesen Sie Uzen![1]) Die cultivirte Welt gehet in Trümmer, Frankreich überwinde, oder werde besiegt! Unsre Enkel vielleicht fangen in der Cultur eine neue Aera an, aber wir und unsre Kinder gehen zu Grunde!

— — — Wie viel hätte ich Ihnen noch zu sagen! ja wenn wir uns de ore ad os sprechen könnten. Adieu, mein theurer, mein innig geliebter Freund! Ewig der

Ihrigste H.

12. Haschka an Reinhold
den 8. und 23. December 1806.

Wien, den 8ten Xber, 806.

— — Seit den 5—6 Wochen, l. Freund, als mein Brief zu Ihnen, der Ihrige zu mir reisete, ist nun wieder ein Segment voll

---

[1]) Haschka spielt auf das Gedicht von Johann Peter Uz (Sämmtliche poetische Werke, Biel 1772, I., S. 28 flg.) „Das bedrängte Deutschland" an, worin die Verse:
„Wie lang zerfleischt mit eigner Hand
Germanien sein Eingeweide?
Besiegt ein unbesiegtes Land
Sich selbst und seinen Ruhm, zu schlauer Feinde Freude?"

Gräuel u. Scheuel, von demjenigen entsetzlichen Cyclus durchlaufen, den die Weltgeschichte noch bey weitem nicht geendiget hat. Denn, glauben Sie mir, die grosse Tragödie spielt erst am 4ten, wo nicht gar am 3ten Acte; Verwirrung u. Unruhe ist im Wachsen; Gott sey uns im 5ten Acte gnädig! uns, auch den blossen Zuschauern! — So tröstlich wie Sie, gute, redliche Seele, „dass die moralisch-religiöse Cultur nahe sey," kann ich nicht hoffen, ich fürchte vielmehr, dass der allgemeine Friede die Ruhe eines allgemeinen Kirch-Hofes, u. das Verstummen einer allgemeinen Verzweiflung seyn wird: u. bis dahin um wie viel muss es noch ärger kommen! Das dumme, feige, katholische Süd-Deutschland stürzte mit Oesterreich vor einem Jahre; das weise, heldenhafte, protestantische Nord-Deutschland ward heuer mit Preussen vernichtet; Holland, die Niederlande, Italien sind schon lange unterjocht; Spanien, Portugall u. der neue u. neueste deutsche Fürsten-Bund sind Frankreichs pflichtschuldige Lehnsleute, Dienstmannen u. Brötlinge; die Turci, Barbaresci u. Suizzeri küssen mit ehrfurchtsvollem Grauen seine gebiethende Ruthe; Albion ist blockirt, u. gegen Russland zieht er eben an mit drey bewaffneten Nationen! — Steht nun (wer mag sich noch länger täuschen?) steht nun der Thron des occidentalischen Kaiserthumes, dessen Baldachin noch tief in Orient hineinflattert, steht er aufgerichtet da? Und wer hat die erste Stufe dazu gelegt? O Deutsche! ewige Verräther an euch selbst! Nur Oesterreich, Oesterreich, dieser blutige Dorn in euerm schielenden, brennenden Neides-Auge, nur Oesterreich soll fallen! Es ist gefallen! Aber ihr, wo seyd ihr nun? Er, er selber, euer Ueberwinder, hat euch mit verachtendem Stolze eure ewige Eifersucht, Zwietracht, Treulosigkeit, Verrätherey an euerm erwählten Kaiser, Missethat auf Missethat, Frevel auf Frevel, Hochverrath auf Hochverrath, laut vor Welt u. Nachwelt auf den Kopf zugezählet! Er eure niedrige Schaden-Freude bey unserm Unglücke, euern auf uns herabsehenden Dünkel, eure aufgeschwollenen Prahlereyen mit bitterm Hohne gezüchtiget! Er selber, auch unser Ueberwinder, war unser gegen euch, unsre Brüder, gerechtester Vertreter! In der That, l. Freund, das ist eine einzige Erscheinung, die mich alten Knaben erstaunen machte! Was wir ihnen sammt u. sonders vorzuwerfen hatten, hat er ihnen, besonders den lieben

Preussen, alles je einzeln ohne Schonung vorgeworfen! Clio, memor fandi atque nefandi, wird diese edle Rache, die er für uns an ihnen nahm, gewiss mit goldnen Lettern aufschreiben bey seinem Nahmen! Und dürfte ein Deutscher es forthin Oesterreich verdenken, wenn es mit ihm zu Schutz u. Trutz ein inniges Bündniss schlösse? Sind sie nicht die ersten von uns gewichen u. haben uns in der Noth alle verlassen? uns, die wir für sie den schweren, blutigen, vierzehnjährigen Kampf begannen! Doch es geschehe, was da wolle; wir, Kaiser u. Volk, Adel u. Bürger, Heerführer u. Heere, ganz Oesterreich ist fest u. einmüthig entschlossen, kein Schwert fürder gegen ihn zu ziehen, wenn er anders, wie doch zu vermuthen, uns nicht die Seele aus dem Leibe quälen will. — Also Pacem deposcimus omnes! Das, was Sie mir von den traurigen Unfällen in Jena, Halle, Weimar u. s. w. schrieben, wusste ich schon; u. freute mich herzlich, dass Wieland selbst von den siegenden Feldherren so ausgezeichnet geehret wurde:[1]) das macht ihnen selbst Ehre. Ich musste laut auflachen, als ich neulich in der Allgem. D. Zeitung las, dass Göthe sich erst durch Kanonen in das hl. Ehebett hinein donnern liess.[2]) Das ist nun freylich wieder ein ganz eigenthümlicher Charakter-Zug; aber nicht alles sonderbare ist auch klug u. vernünftig. — Doch — Neptun, gelehnt an's Ruder, rief: Prosit, lieber Bruder![3]) Die Prinzessinn von Weimar[4]) ist eine grossherzige Frau, u. verdient allgemeine Achtung. Sie soll sich vortrefflich benommen

---

[1]) Der französische Schutz Wieland's und seiner Wohnung in Weimar nach der Jenaer Schlacht. Während der entsetzlichen Nacht vom 14. zum 15. October 1806 wurde er durch die Husaren und Chasseurs selbst, die sich bei ihm einquartirten, vor Plünderung gesichert. Am Morgen sandte ihm Prinz Murat unaufgefordert eine Sauvegarde zu, und kurz darauf trat der Marschall Ney bei ihm ein, um ihm im Namen Murat's anzukündigen, dass er unter unmittelbarem kaiserlichen Schutze stehe. Vgl. Richard und Robert Keil: „Goethe, Weimar und Jena im Jahre 1806", Leipzig 1882, S. 35.

[2]) Die wahren Verhältnisse und Motive bei Goethe's Vermählung sind ausführlich dargelegt von Richard und Robert Keil in dem ebenerwähnten Buche: „Goethe, Weimar und Jena im Jahre 1806", S. 49 flg.

[3]) Aus Bürger's Gedicht „Die Prinzessin Europa".

[4]) Herzogin Louise von Weimar, deren unerschrockener und edler Haltung dem Kaiser Napoleon gegenüber nach der Schlacht bei Jena Weimar seine Rettung aus furchtbarer Bedrängniss verdankt.

haben. Und gewiss wird der Sieger um Ihretwillen auch des Prinzen schonen.

Den 23. Xber, 1806.

— — Es ist richtig; er macht die grosse Tour durch Europa, aber nicht incognito, sondern mit einem Pompe, mit dem weiland nur die Persischen Potentaten zu reisen pflegen. Der Himmel wolle nur uns bewahren, dass wir nicht in die Wirbel dieses Kometen, oder dieser Sonne hinein gerissen werden! Ich fürchtete in der That, auch das Holsteinische würde besetzt werden: glücklicher Weise ist es noch nicht geschehen. — —

Ihr ewig getreuer H.

13. Haschka an Reinhold
den 27. Januar 1807.

Wien, den 27. Januar, 1807.

— — Collin hat seitdem mit mir Bekanntschaft gemacht. Ich glaube, wir gefallen uns. Er brachte mir neulich einen dicken Band Mscrpt. u. zwar die Collegien von Hrn. Prof. Reinhold in Kiel über Aesthetik u. sch. Künste von einem Zuhörer getreu nachgeschrieben! Hui! Das war ein Fund! Ew. Liebden erinnern Sich doch, dass ich dieselben schon lange, u. mehr als Ein Mahl, flehentlich angegangen, mir Dero Collegia aesthetica für mein Geld copiiren zu lassen u. zu schicken? Dieselben haben aber diesem meinem de- u. wehmüthigen Bitten nicht gefüget, sondern sind ganz ministermässig darüber, sowie über manches andre in meinen Briefen, wenn mein Herr Magnificus weder Ja noch Nein sagen mogte, durch die noble Figuram Praeteritionis hinausgegangen. Das hat mich schon lange gar fatal crepirt; aber nun will ich mich auch nach Herzenslust an meinem werthesten Hrn. Collega rächen. Was ich denn thun will? Was ich thun will? Drucken will ichs lassen, u. zwar als mein Elaboratum unter meinem Nahmen drucken! Da wirds heissen in Deutschland: „Wahrhaftig, der Haschka hat doch den Kant noch besser verstanden, noch deutlicher erkläret, als selbst Kants bester Commentator Reinhold!" Ich aber lache mir ins Fäustchen, u. streiche die Blinden ohne Ränder ein, so mir die Verleger, wohlgezogen, dafür geben werden. — Hum? Ja, Sie protestiren in der Jenaer Zeitung dagegen u. erklären mich für einen infamen Plagiarius. Thut nichts. Ich protestire in den Oesterreichschen Annalen (die eben wieder angefangen) gegen Ihre Protestation u. erkläre Sie für einen infamen Plagiarius u. Verleumder oben drein. Das wird ein Hahnen-Gefecht geben! „Dieb!" „Wieder Dieb!" — köstlich!

Im Ernste, lieber, lieber Freund! ich habe diesen ziemlich dicken Quart-Band Mscrpt. mit der grössten Begierde, u. hohem Vergnügen in Einer Nacht blätternd durchlesen u. lesend durchblättert. Ihre Collegien sind es gewiss, aber sehr fehlerhaft, sehr nachlässig, oft ganz sinnlos nachgeschrieben, voll Mängel u. Lücken! Auch Sie haben einige Lücken gelassen, auch Sie haben hier u. da noch etwas daran nachzubessern: im Ganzen aber ist Kants Kritik der Urth. ganz meisterhaft entwickelt u. dargestellt, noch klärer, noch deutlicher, noch bestimmter u. viel fasslicher, als Kiesewetters! Im Durchlesen sind mir eine Menge Desideranda eingefallen, worauf ich Sie aufmerksam machen wollte, aber jetzt weiss ich kein Wort mehr davon. Ich beschwöre Sie, diese Collegien noch einmahl durchzugehen, u. sie drucken zu lassen. Sie werden gewiss Aufsehen machen u. abgehen, wie warme Butterwecken. Wenn Sie wollen, so will ich sie noch einmahl bey müssiger Zeit mit der Feder in der Hand durchgehen, u. Ihnen meine Scrupel u. Grillen, meine Meinungen u. Rathschläge mittheilen. Aber drucken müssen Sie sie schlechterdings lassen. Es wird ein gar zu vortreffliches Werk geben. Ich will Sie so lange quälen, bis ich sie gedruckt lese. Nehmen Sie Anstand, dieses Werk herauszugeben, weil Sie jetzt ein ganz anderes Philosophisches System angenommen? so brauchen Sie das ja nur in der Vorrede zu sagen, u. nennen Sie es: Erklärung der Kantischen Kritik der Urtheilskraft. Kurz u. gut, Sie müssen Ihre Collegien über die Aesthetik einmahl herausgeben. Punktum. Und gute Nacht! Es werden jetzt so viel Aesthetiken geschrieben (Hr. Bouterwek[1]) hat uns auch in einen ästhetischen

---

[1] Friedrich Bouterwek's Aesthetik war im Jahre 1806 erschienen und hatte vielseitigen Widerspruch und lebhafte Polemik hervorgerufen.

Aprill geschickt!), gelesen, gelobt, u. reichen der Ihrigen nicht das Wasser! Nun endlich gute Nacht, es ist 2 Uhr nach Mitternacht. Gott schütze u. segne Sie!   Ihr Allereigenster H.

14. Haschka an Reinhold
den 5. und 6. Februar 1807.

Wien, den 5ten Februar, 1807.

— — Lieber, brüderlicher Freund, Ihre Schwester[1]) ist eine vortreffliche Frau, so ein ganz weibliches Weib, das wahre Ideal einer schönen Seele! O, sie erzählte mir heute von ihrer wechselseitigen Liebe u. Anhänglichkeit, die sie u. ihr Bruder Carl von Jugend auf zu einander trugen, u. wie nun dieser geliebte Bruder verschwunden war, wie sie sich um ihn abängstigte, u. dann erfuhr... Ihre sanfte Stimme ward immer leiser u. leiser, wie der letzte Geister-Hauch in eine Aeols-Harfe, u. in ihrem glänzenden Auge zitterte eine Thräne, wie ein beweglicher Wasser-Tropfen im Krystalle. Ich verehre sie von Herzen. Wie sie das „Ihn nun nicht mehr sehen!" aussprach, ging mir ein Dolch durch die Seele. Palfy gibt heut einen Ball, wo alle Säle mit lebendigen Blumen aufgeputzt sind, die ihm allein auf 30000 fl. kosten, u. das ganze Fest (eine einzige Nacht!) auf 80000 fl. berechnet wird: o! dacht' ich, hätte ich nur den 4ten Theil davon, Ihre Schwester mit ihrer ganzen Familie packte ich auf, u. trarah! führen wir allzumahl mit 16 geflügelten Hufen nach Holstein, nach Kiel zu diesem lieben, bösen Bruder! —

Den 6ten Abends 8 Uhr.

— — Und nun nur etwas, nur kurz auf Ihr patriotisches, edeles u. einsichtsvolles Schreiben, mit dem ich im Grunde, obgleich nicht nach allen Theilen herzlich einverstanden bin. Sie sagen: das Unheil, das unser ganzes Vaterland u. die ganze deutsche Nation betroffen, komme von dem niederträchtigen Groll her, dass Oesterreich u. Preussen sich nicht, wenigstens nur auf so lange, bis der gemeinschaftliche Feind abgewiesen wäre, ehrlich u. redlich u. kräftig verbünden konnte. — Ich sage dasselbe. Aber

---

[1]) Reinhold's Schwester Therese in Wien.

Oesterreich ist daran nicht Schuld. Oesterreich, das von den Preussen in der Champagne verlassene, verrathene, durch Separat-Frieden u. geheime Negotiationen geschwächte, untergrabene, durch grosse Worte u. heilige Versprechungen getäuschte u. betrogene Oesterreich both vor der letzten Katastrophe des deutschen Kaiserthums Preussen redlich die Hand mit der Verwarnung, dass, wenn es jetzt nicht ehrlich u. nach allen Kräften sich mit Oesterreich vereinigte, es selbst mit Oesterreich zu Grunde gehen würde. Was that Preussen? Preussen hob im Angesicht des Himmels u. der Erde feyerlich seine Rechte empor, liess sie aufgehoben zwischen Himmel u. Erde schweben, bis Oesterreich gestürzt war, u. nun diese zum Bruder-Bund aufgehobene Rechte in die Rechte des — Besiegers Oesterreichs niederfallen, dass Erd' u. Himmel darüber erstaunten! Nicht läugnen, l. Freund, das ist buchstäblich wahr. Ich war mit bey solchen Privat-Verhandlungen zwischen ehrlichen, einsichtsvollen Preussen, u. redlichen Oesterreichern, die denn beyderseits auf die grosse Sache Einfluss hatten. Gentz[1]) war auch dabey. O wir sprachen mit einem Eifer, mit einem Nachdruck, den Vaterlandsliebe u. National-Stolz unüberwindlich machte: auch erkannten die Preuss. Minister, die nicht erkauft waren, die Nothwendigkeit der einmüthigen Anstrengung beyder Reiche gar wohl, u. waren überzeugt, dass beyder Seyn u. Nichtseyn davon abhänge, trugen auch das ihrige redlich dazu bey — aber Haugwitz,[2]) Lombard u. dgl. thaten, dieses häuchelnd, das gerade Gegentheil. In meiner letzten Ode: der heilige Bund zur Rettung Europens heisst die letzte Strophe:

> Ihr aber, hehrer, heiliger Fürsten-Bund
> Zur Rettung Eurer Völker u. Euer Selbst,
> Wankt nicht im Sturm'! Ihr fallt mit Einem
> Alle: drum steht auch für Einen Alle!

Diess sang ich im October 1805, als mit dem Blitz in dem Arme Oesterreich u. Frankreich sich schon gegenüber standen, u. Preussen schlagfertig — zusah! Unser Krieg mit Frankreich begann der Reichsfürsten wegen, die des Kaisers Schutz-Schwert

---

[1]) Friedrich von Gentz war seit 1802 Hofrath bei der Hof- und Staatskanzlei zu Wien.

[2]) Der preussische Staatsmann Christian Heinrich Karl Graf von Haugwitz.

anriefen wegen einiger ihnen entwandten Besitzungen: u. wie betrugen sich nachher diese Fürsten gegen ihren Schirmherrn? Wie das ganze Römische Reich deutscher Nation gegen sein Oberhaupt? Lesen Sie, oder erinnern Sie sich meiner Ode: das gerettete Deutschland, im Novemb. 1795,[1]) die endlich in Deutschland Rumor genug gemacht hat, denn sie ward beynahe in allen auswärtigen Zeitungen abgedruckt, von Kolbielsky commentirt, u. nach 8 Tagen des öffentlichen Verkaufes hier, auf Bitte des Hrn. Lucchesini dem Buchhändler abgenommen, u. die Exemplare mir gebracht, die ich dann auf Ersuchen Jedermann, aber gratis, durfte verabfolgen lassen. Alle auswärtigen Gesandten schickten zu mir, u. erbathen sich Exemplare zu Dutzenden! Wenn meine Oden auch gar keinen Poet.Werth hätten, so werden sie doch historisch immer merkwürdig bleiben; denn redlich u. getreu ist meine Leyer den grossen Ereignissen ihrer Tage gefolgt. Tantum! — Ihr

Haschka.

15. Haschka an Reinhold
den 31. October 1807.

Wien, den 31sten 8ber, 1807.
Nachts, 11 U.

An Deinem Nahmens-Feste, lieber Carl! das ich in vier Tagen mit Dir u. den Deinigen heilig feyern werde,[2]) will ich dem Wesen der Wesen, quod donat et aufert, dringend, aber dennoch mit Ergebung in seinen göttlichen Rath-Schluss (wie jedes Gebeth seyn soll) flehen, dass es Dir verleihen möge, was sich vor 2000 Jahren Horaz, u. gewiss in die Seele jeden Ehren-Mannes von unserm Schlage, einzig gewünschet hat: Det vitam! det opes! aequum (Tibi) nam animum Ipse parasti. Und zum Angebinde bringe ich Dir, weil Du es doch nicht zu verschmähen scheinst, mein aufrichtiges, treues Bruder-Herz dar für Zeit u. Ewigkeit. Sich, mein auserwählter Reinhold! Du bist nun der dritte Mann,

---

[1]) Haschka's Ode „An das gerettete Deutschland" war im Jahre 1795 als Flugblatt erschienen.
[2]) Der 4. November.

den ich in meinem Leben duze! Die beyden Andern, mein Stürmer, mein Alxinger — ach! sind lange schon dort, wohin wir alle, quicumque terrae munere vescimur, alle müssen! Du bist jetzt mein Einziger. O so sey mir, o so bleib mir auch mein Alles, bis der Tod endlich den Bund trennet, den ich dir nun feyerlich in die Hand gelobe! Dass ich, der Neun- u. -fünfziger! dieses mein freywilliges Hand-Gelöbniss nicht verletzen werde, dafür ist dir mein gelebtes Leben, nach oben gemachtem Bekenntnisse, Bürge: denn auch in meiner flüchtigen Jugend-Zeit war mir das Ernste stets ernst, u. das Heilige heilig, u. nie hab' ich mit heiligen u. ernsten Worten frevelhaft oder leichtsinnig gespielet. Also Bruder, auf du u. du, für Zeit u. Ewigkeit!

— — Wie bekümmert ich um dich bey diesen Zeitungs-Berichten seyn musste, war u. noch bin, das kannst du wohl ermessen, da du an mir keinen Fühllosen, u. keinen Undankbaren liebest. Gott schirme dich! Weiter will ich nichts sagen; denn sonst möchtest du meinen Brief gar nicht bekommen. — Möge doch ein guter Engel dein stilles, Sokratisches Haus zeichnen, dass der Verderber, wie einst in Egypten, schonend vorüber gehe! — Nun lebe wohl, lieber Carl! u. werde so ganz der Meinige, wie ich schon bin der deinige!

Haschka.

16. Haschka an Reinhold
den 12. und 14. November 1808.

Wien, den 12ten IXber, 808.

— — Seit ich die beyden Schlegel, den Tieck u. seine Schwester, die Bernhardi, persönlich kenne, wär' es mir unmöglich, diesen Leuten wehe zu thun, so wenig ich auch mit ihren theoret. Ansichten u. pract. Ausübungen der Kunst einstimme, u. je einstimmen werde. Aber weisst du? Sie scheinen sich nachgerade, wie weiland Quixot, zu besinnen, u. ihrer Wind-Mühlen-Läuferey zu schämen, doch darüber unten ein mehreres. — — Indess auch hier haben wir ein treffliches Blatt: die vaterländischen Blätter! u. das Sonntags-Blatt, wenn Hr. Schreyvogel kein so böser, hämischer Bube wäre, könnte recht gut seyn, wenigstens zum Antagonismus gegen die Hirnwüthigen dienen. **Hormayr's Oesterr. Plutarch,**[1]) welch ein Werk! Wenn es auch einen gleichen, Classischen Styl hätte, so wäre es ein Meister-Werk. Und nun werde ich dir ein Buch nennen, zwar nur einen Roman, zwar nur von einer Frau geschrieben; den aber gelesen zu haben, sich ein Mann von meinem Alter, u. ein Philosoph von deinem Range, nicht nur allein nicht schämen darf, sondern sich sogar rühmen mag: es ist **Agathokles von Carolina Pichler,** geb. v. Greiner. 3 Bde. Wien, 1808. b. Aut. Pichler.[2]) Der Inhalt ist das Emporkommen des Christenthums. Ich bitte dich, lies es! — Auch **Stollberg** soll es lesen. Was macht der wackere Mann u. seine würdige Fr. Gemahlinn? Siehst du sie? Erinnern sie sich noch meiner? —

Den 14ten.

Ich wollte dir etwas von Wien schreiben. Glaube nicht, dass wir nicht recht gut unser Verhältniss gegen die übrigen Reiche der Welt kennen. Aufschub, oder Henkers-Frist, nenn' unsre jetzige Ruhe, wie du willst, aber du hast Recht, sie also zu nennen, auch nennen wir selbst sie nicht anders. Aber dass keine Macht in der Welt, ausser Einer, einer dauerhaften u. sichern Ruhe froh seyn kann, daran ist das gute Oesterreich gewiss am wenigsten Schuld. Es kommt jetzt nur darauf an, dass jeder Staat diese seine precaire Ruhe weise benütze: u. sieh! unsre Armeen sind nun so ziemlich wieder completirt, unsre Land-Wehre geübt u. ein Geist in das Volk gehaucht, der jedem Patrioten nicht anders als erfreulich seyn muss. Die alten, gedienten Majore, so diese Landwehr-Bataillone befehligen, haben mir mit Freuden-Thränen in den Augen gesagt, man müsse die Oesterreicher da auf dem Exercier-Platze sehen, um ihnen die volle Gerechtigkeit, die ihnen gebührt, wiederfahren zu lassen! Der gute Wille, der Eifer, der Enthusiasmus sey über allen Ausdruck. Wo 900 seyn sollten, kamen 1800, u. liessen sich gar nicht abtreiben, so dass man ihnen Piken geben musste, weil man nicht genug Flinten hatte.

---

[1]) „Oesterreichischer Plutarch, oder Leben und Bildnisse aller Regenten des österreichischen Kaiserstaates", von Jos. v. Hormayr (Wien 1807 flg.)

[2]) Das bedeutendste Werk der geistvollen Wiener Schriftstellerin Caroline Pichler, der Freundin von Haschka und Hormayr.

Bei der Revue diesen Herbst soll sich diese Tirouen-Mannschaft durch ihr treffliches Maneuvriren die Bewunderung des Erzherzogs u. seiner ganzen Generalität erworben haben. Die Lehr-Bursche u. die halb gewachsenen Strassen-Jungen legten ihre Hällerchen zusammen, hielten sich einen Corporal u. Feldwebel u. exercierten an Sonn- u. Feyer-Tagen auf ihre Faust, drauss auf dem Glaçis. Mancher alte, benarbte General hielt es nicht unter sich, diese zerlumpte Soldatesca selbst zu kommandiren, zu loben u. zu beschenken, wofür sie sich Gewehre kauften. Kinder, die in ihren ersten Hosen noch an der Hand der Mutter laufen, siehst du auch in einer papiernen Grenadier-Mütze eine hölzerne Flinte hinter sich her schleppen. — Indess glaube ja nicht, dass ich mich durch sanguinische Hoffnungen selbst täusche! O nein! Dazu habe ich schon zu lange gelebt, u. leider! zu viel erlebt. Wenn es wieder zu etwas kommen sollte, so werden wir (denn nie ward auch das Glück unserm Verdienste gleich zugewogen!) wahrscheinlicher unterliegen, als nicht!¹) u. dann ists auch aus mit dem alten, guten, biedern Oesterreich! aber schändlich werden wir nicht fallen; aber verächtlich werden wir nicht seyn; u. Achtung wird uns der Sieger, wie schon das erste Mahl, selbst bezeigen! — Von dem so enorm steigenden Luxus habe ich neuerlich eben keine besondere Kunde erhalten. Die Hof-Feste, die Krönungs-Ceremonien, die Land-Tags-Paraden sind freylich in Oesterreich u. Ungarn immer prächtig; u. dass der Stand, der jetzt das meiste Geld macht, auch das meiste Geld ausgiebt: je nun, das ist bey uns wie überall, u. wird so lange seyn, bis

    Der Herr der Himmel u. der Erden
    Die Krämer beugt, dass sie nicht Fürsten werden.

Aus alle dem siehst du, liebes Bruder-Herz! dass wir noch immer so glücklich sind, uns laut u. stolz unsers Vaterlands, unsers Kaiser-Stamms, unsors Volkes berühmen zu dürfen, des guten, treuen, hochherzigen Volkes! Weisst du, warum man die Genien, die Schutz-Geister der Städte u. Länder, oft mit einer Flamme auf dem Haupte schildert? Die stolze Freude über das

---

¹) Wie traurig sollte diese Prophezeihung schon im nächsten Jahre in Erfüllung gehen! (Schlacht bei Eckmühl am 22. April, Einzug Napoleon's in Wien am 13. Mai, Schlacht bei Wagram am 6. Juli, Friede zu Schönbrunn am 14. October 1809.)

edle Volk, das diese Länder u. Städte bewohnt, flammt ihnen zur Scheitel heraus! O Oesterreich! —

> Ich köhre mir kein ander Land
> Zum Vaterland,
> Wär' mir auch frey die grosse Wahl!

Ueber diesen Text sollst du einmahl von mir eine Ode lesen, u. nun genug! Lache nicht über den alten Narren! Was kann ich dafür, dass mir das **sechzigjährige** unter der linken Brust noch so laut u. so warm schlägt!

Und nun, Lieber, wieder zu dir, dir Selbst! Ich freue mich über deine Ars semper gaudendi, die wahre Summula der Lebens-Weisheit u. aller Philosophie! Das **Sibi res, non se rebus subjungere**! ist nun nicht allein Aristippisch mehr u. Horazisch, sondern Reinholdisch, u. wollte Gott! es wäre auch Haschkisch! Aber, leider! bin ich noch oft so ein ἄσοφος, dass ich die ganze Welt unter meine Zähne knirrschen möchte, die freylich kein ehrlich Stück Rindfleisch mehr ordentlich kauen können. — Apropos! Dein συμφιλόσοφος, Bardili,[1]) ist ja jene finstere Strasse gewandert, Illac, unde negant redire quemquam? Das wird wohl ein harter Schlag für dich gewesen seyn! Ich bedauerte dich herzlich, als ich seinen Tod-Fall in der L. Z. angezeigt las. Er war ein Mann noch in seinen besten Jahren. Wenn er dir jetzt erschiene? auch nur in einem Traum-Gesichte? ob er dir auch zuriefe, was Socrates bey Klopstock der Portia zurief:

> O drüben,
> Reinhold, drüben über den Urnen, wie sehr ist es anders,
> Als wir dachten!?[2])

Indess Ihr waret ja beyde redliche Forscher; u. sein aufrichtiges Herz erlangt gewiss, wie Socrates, auch —Vergebung!

Mit **Wiel. Cicero**[3]) bin ich sehr gut zufrieden. Der Alte zeigt, dass er ein gescheidter Mensch, u. sich trefflich bewusst ist, Quid valeant humeri. Angenehmeres für sein Alter, Nützlicheres für die Welt, Gelingenderes u. ihm Rühmlicheres konnte er nichts unternehmen, als die Alten zu übersetzen, zu commentiren. Aus seinen Commentationen kann selbst der Gelehrte noch

---

[1]) Im Jahre 1808 starb der Philosoph Bardili, kaum 47 Jahre alt.
[2]) Klopstock's Messias, 7. Gesang. (1756, Seite 45.)
[3]) Wieland's klassische Uebersetzung von Cicero's Briefen.

lernen. Und wollte Gott, der Pedantische Dünkel des Hrn. Voss u. seiner Nachfolger wäre nicht längst schon in Versteinerung übergegangen, was könnte nicht dieses Servum pecus aus W. Uebersetzungs-Mustern lernen! — —

— — Die Schlegel scheinen jetzt Männer geworden zu seyn, u. sich ihrer Jugend-Streiche zu schämen. A. W., der mit Mad. Stael lebt, ist in grössern Gesellschaften weniger angenehm; er hat das Vornehme, Einsylbige u. Absprechende der grossen Welt mit dem pedantischen Anstriche der kleinen Gelehrten-Welt. So sagt man mir, ich selbst habe ihn da nicht gesehen. Aber in einem Selbander, bey mir zum Beyspiel, fand ich ihn bescheiden, offen, u. mir wirklich einige Reverenz bezeigend, welche er mir auch schriftlich bestättigte. Er las hier Collegien über dramat. Poesie. Er lud mich dazu mit einem gewissen Eifer, der mir wohlgefiel, u. hatte das Zutrauen zu mir, alle die Bücher, deren er dazu benöthigt war, aus meiner Privat-Bibliothek zu borgen. Ich zahlte meine 25 fl. u. kam, so oft ich konnte. Seine Vorlesungen werden gedruckt.[1]) Er hatte bey 200, im eigentlichsten Verstande, auserwählte Zuhörer, Fürsten, Grafen u. Herren, Minister, Generale, Gelehrte u. Künstler, u. ebenso die Frauen dieser Klasse; Mädchen waren nur wenige, u. diese Fremde. Es war eine Stille, eine Aufmerksamkeit, ein Interesse, so den Sprecher sowohl, als die Zuhörer ehrte. Man klatschte ihm öfter Beyfall zu. Vorzüglich u. selbst über meine Erwartung gut benahmen sich die Frauen. Die Fürstinnen so wohl, als die andern Edel-Frauen waren gewöhnlich schon vor 12 U. da; sie kamen in einem so anständigen Anzuge, so ohne alle Prätension, ohne alle Coquetterie, betrugen sich so ruhig, so bescheiden, so artig, dass kein Prediger in der Kirche sie sich anders wünschen konnte. Die Damen nahmen die ersten Stühle ein; die Männer sassen mehr zurücke, oder standen in der Mitte. Der gute Schl. war äusserst frappirt. So was hatte er nie erlebt, ja! sich nicht getrauet zu hoffen. Was die Leute jetzt, die hier waren, für Ideen von Wien mit sich fort nehmen. O wie sinkt jetzt Berlin bei ihnen vor Wien nieder! Sprich du nur selber mit ihnen über

---

[1]) Aug. Wilh. v. Schlegel's „Vorlesungen über dramatische Kunst und Literatur". (Heidelberg 1809—1811.)

Wien! Dir wird dein Herz schwellen bey dem, was sie dir Gutes
u. Liebes von unsrer Haupt-Stadt erzählen werden. — Friedr.
Schl.¹) ist mir gar ein lieber Mensch, gesetzt, anspruchslos u. wirklich ein vielseitiger, gründlicher Gelehrter. Er sagt seine Meinung
offen u. frei ohne Dreistigkeit, ohne Rechthaberey, ohne irgend
eine Zudringlichkeit! In meinem Leben hätte ich in diesem ernsten,
ordentlichen, gesitteten Menschen nicht den Verfasser der Lucinde vermuthet. Er studirt jetzt sehr ernsthaft die Oesterr. Geschichte, u. hat eine Tetralogie von Carl V. im Werke. Er will,
wenn er, wie ich hoffe, vom Kaiser dazu die Erlaubniss erhält
ein Collegium über die d. Geschichte mit vorzüglicher Rücksicht
auf Oesterreich auf Subscription lesen. Seine Frau²) ist nun auch
hier. Sie muss ihrem Vater ähneln. Hübsch ist sie nicht, aber
geistvoll. Beyde sind eifrige, u. wie ich glaube aufrichtige Katholiken. Er kommt oft zu mir, u. ich sehe ihn immer gern. — Auch
Tiek ist ein guter Junge, u. weiss viel mehr, als ich ihm zugetrauet habe. Er besuchte mich viel u. war mir immer willkommen.
Seine Schwester Bernhardi ist eine geistreiche Frau, kränkelt aber
immer. Ich bin diesen Leutchen allen sehr gut, u. ich glaube,
sie sind mirs auch. Ich schätze Ihre nicht gemeinen u. auch
wohl gründlichen Kenntnisse, ihren Eifer u. ihr redliches Bestreben sich immer mehr u. mehr zu vervollkommnen, u. bin
ihnen dankbar erkenntlich für ihre Freundschaft u. Gefälligkeit: aber ihre poetische Poesie, ihre Jakob-Böhmerey u. Hans-Sachserey kann u. werde ich nie loben. Sie haben auch in der
Kunst schon anderes besseres geleistet, dem ich alle Gerechtigkeit wiederfahren lasse. — — — Lebe wohl u. liebe deinen
   ewig allereigensten
                  H.

¹) Friedrich von Schlegel, der im Jahre 1808 in Wien lebte.
²) Dorothee, Tochter M. Mendelssohn's, geschiedene Veit.

REGISTER.

(Nach den Seitenzahlen.)

v. Alxinger, Joh. Baptist, 5. 8. 21 f. 28. 71. 72.
— Gedichte, 50. 51.
— Doolin, 42. 43. 44. 45. 47. 49. 50. 51. 68.
— Bliomberis, 53.
— Briefe, 37 f.
Bardili, Christoph Gottfried, 28. 77.
v. Baumberg, Gabr., 64.
Blumauer, Alois, 6. 8. 11. 25. 34. 35. 38. 39. 46. 65.
v. Born, Ignaz, 5. 8. 11. 18. 20. 26. 41. 60. 64. 67. 74.
— Briefe, 33 f.
Born, Marie, 38. 39.
Bouterwek, Friedrich, 94.
v. Collin, Heinrich Joseph, 86. 93.
Denis, Johann Michael Kosmus, 5. 8. 49. 73. 74.
Forberg, 24.
Freimaurerei in Wien, 8. Loge „zur wahren Eintracht", 8. 58. 60. 62. 64. 66.
v. Gemmingen, 11. 34. 62.
v. Gentz, Friedrich, 96.
Goethe, 48. 59. 63. 74. 92.
Haschka, Lorenz Leopold, 5. 6. 28 f. 46. 52. 64.
— Briefe, 73 f.
v. Haugwitz, Christian Heinrich Karl, Graf, 96.
v. Herbert, 24.

Herder, 48. 55. 63.
v. Hormayr, Jos., 98.
Jean Paul Richter, 83. 84. 86.
Illuminaten, die, 43. 60. 67.
Joseph II., Kaiser, 7. 10.
Kant und die Kantische Philosophie, 12. 55. 70. 74. 79. 83. 94.
v. Kaunitz, Fürst, 45. 58. 64.
Karl August, Herzog, 11.
Lavater, 15.
Leon, Gottlieb, 5. 6. 8. 22 f. 26.
— Briefe, 58 f.
Lessing, 64.
Magazin für Wissenschaften und Literatur, 11. 62.
Martinenghi, Giovanni, 17 f.
Mastalier, 5.
Merkel, Garlieb, 82.
Merkur, Deutscher, 9. 12. 52. 61. 69. 79.
Napoleon I., 89. 91 f.
Nicolai, 56. 71.
Pepermann, Paul, 4. 13 f.
Petzold, Christian Friedrich, 11.
Pichler, Karoline, 81. 84. 99.
Platner, Ernst, Professor in Leipzig, 31.
v. Ratschky, Johann Franz, 5. 8. 46. 59. 61.
Reinhold, Karl Leonhard, Geburt, Kindheit 1 f. Im Barnabitencollegium 3 f. Flucht nach Leip-

zig 11. In Weimar 12. Briefe über die KantischePhilosophie 13. Professor in Jena 13. Nach Kiel 27. Tod 31.
Reinhold, Sophie, geb. Wieland, 12. 50.
Reinhold, Ernst, 1. 32.
Rosenkreuzer, die, 42.
Schatz, 51.
Schelling, 77.
Schiller, 9. 25. 26. 52. 56. 69. 72. 78. 82. 84. 86.
Schlegel, die Brüder, 78. 82. 98. 102.
v. Schönfeld, 26.
Schreyvogel, 98.
Sonnenfels, 5. 26.
Spengler, Nicolaus, 4.
v. Stolberg, Christian und Friedrich Leopold, 48. 75.
Tieck, 84. 98. 103.
Voss, 47. 57. 88. 102.
Weishaupt, Adam, 68.
Werner, Zacharias, 89.
Widtmann, 75.
Wieland, 11 f. 16. 32. 34. 38. 45. 47. 51. 58. 64. 68. 81. 86. 87. 92. 101.
Wiener Musenalmanach, 6. 46. 47. 61. 65. 71.
Wiener Realzeitung, 8. 11. 62.
Zimmermann, 64.